Duden

GANZ EINFACH!

Grammatik

Dudenverlag
Berlin

Die **Duden-Sprachberatung** beantwortet Ihre Fragen zu Rechtschreibung, Zeichensetzung, Grammatik u.Ä. **montags bis freitags zwischen 09:00 und 17:00 Uhr.**

Aus Deutschland: **09001 870098** (1,99 € pro Minute aus dem Festnetz)
Aus Österreich: **0900 844144** (1,80 € pro Minute aus dem Festnetz)
Aus der Schweiz: **0900 383360** (3,13 CHF pro Minute aus dem Festnetz)
Die Tarife für Anrufe aus den Mobilfunknetzen können davon abweichen.

Den kostenlosen Newsletter der Duden-Sprachberatung können Sie unter www.duden.de/newsletter abonnieren.

Bibliografische Information der Deutschen Nationalbibliothek
Die Deutsche Nationalbibliothek verzeichnet diese Publikation in der Deutschen Nationalbibliografie; detaillierte bibliografische Daten sind im Internet über http://dnb.dnb.de abrufbar.

 D C B A
Bibliographisches Institut GmbH, Mecklenburgische Straße 53, 14197 Berlin

Redaktionelle Leitung Dr. Ilka Pescheck
Redaktionelle Bearbeitung Maria Geipel
Erarbeitet auf der Grundlage des Titels »Der kleine Duden – Grammatik« von Ursula und Rudolf Hoberg

Herstellung Maike Häßler
Layout Sigrid Hecker, Mannheim
Umschlaggestaltung Büroecco, Augsburg
Satz Sigrid Hecker, Mannheim
Druck und Bindung AZ Druck und Datentechnik GmbH
Heisinger Straße 16, 87437 Kempten
Printed in Germany

ISBN 978-3-411-74323-0
www.duden.de

Liebe Leserin, lieber Leser,

Sie möchten wissen,
... ob es *sendete* oder *sandte* heißt?
... wann der Konjunktiv gebraucht wird?
... was ein Prädikat ist?

In diesem Ratgeber können Sie Antworten auf diese Fragen nachschlagen und sich außerdem einen Überblick über die deutsche Grammatik verschaffen. Für diese Übersicht gehen wir von den **kleinsten Einheiten,** den Morphemen, aus. Aus ihnen werden Wörter gebaut. Wir enden mit den **größten Einheiten,** den zusammengesetzten Sätzen.

Im Mittelpunkt stehen dabei die einzelnen **Wortarten.** Kompakt und übersichtlich wird das grundlegende Wissen zu Verben, Nomen, Artikeln und Pronomen, Adjektiven, Adverbien, Präpositionen, Konjunktionen und Interjektionen dargestellt: Welche Formen und welche grammatischen Funktionen haben die Wörter? Wie werden sie gebildet und welche Bedeutungen können sie ausdrücken?

Neben den Basisregeln und ihren Erklärungen finden Sie zu vielen Themen **weiter gehende Hinweise,** die einen Sachverhalt noch genauer erläutern. Solche Hinweise sind mit dem Symbol 👍 gekennzeichnet.

Zu kniffligen Themen führen wir mögliche **Stolperfallen** auf, z. B. bei Verwechslungsmöglichkeiten oder bei häufigen Fehlern. Diese Hinweise sind durch das Symbol ❗ gekennzeichnet.

Ein alphabetisches **Register** erleichtert das Auffinden der Themen im Buch.

Egal, ob Sie beruflich mit der deutschen Sprache zu tun haben, ob Sie sich privat für Sprache interessieren oder ob Sie einfach sicherstellen möchten, sich angemessen auszudrücken, ob Deutsch Ihre Muttersprache ist oder ob Sie noch lernen: Mit diesem Ratgeber wird Grammatik ganz einfach!

Die Dudenredaktion

Inhalt

Wörter

→ Wie sind Wörter aufgebaut?

Wörter setzen sich meist aus kleineren Bausteinen (Morphemen) zusammen. Man unterscheidet: Stamm, Präfix (Vorsilbe), Suffix (Nachsilbe), Flexionsendung.

Ein Teil dieser Bausteine kann für sich allein stehen; sie besitzen deutliche inhaltliche Merkmale *(klar)*. Dem anderen Teil lässt sich kein Inhalt zuordnen; sie sind für formale/grammatische Merkmale verantwortlich *(-ung, -e)* und tragen so zur Gesamtbedeutung des Wortes bei.

Präfix(e)	Stamm	Suffix(e)	Flexionsendung
	klar		
un	***klar***		
	Klar	*heit*	
	klär		*t*
Ver	***klär***	*ung*	
un-er	***klär***	*lich*	*e*

!

Morpheme entsprechen nicht den Silben (der lautlichen Struktur) von Wörtern:

Silbe		Silbe	Wortstamm		Suffix
↓		↓	↓		↓
Sprin	–	*ter*	*Sprint*	–	*er*

→ Welche grammatischen Formen haben Wörter?

Neben unveränderlichen Wörtern *(und, auf, über, bis …)* gibt es eine große Anzahl von Wörtern, die sich je nach ihrer Funktion im Satzzusammenhang in ihrer Form verändern können. Diese Formveränderung nennt man **Flexion (Beugung).** Nicht jedes Wort ändert sich auf die gleiche Art und Weise. Man unterscheidet:

- Deklination,
- Konjugation und
- Komparation (Steigerung).

Deklination

Dekliniert werden **Nomen, Adjektive, Artikel** und **Pronomen** nach Numerus (Singular – Einzahl, Plural – Mehrzahl) und Kasus (Fall): Nominativ, Genitiv, Dativ, Akkusativ. Außerdem unterscheidet man drei Genera (Sg. Genus: grammatisches Geschlecht): Maskulinum/maskulin (männlich), Femininum/feminin (weiblich) und Neutrum/neutral (sächlich).

	Numerus	
Kasus	Singular	Plural
Nominativ	*das alte Schloss*	*die alten Schlösser*
Genitiv	*des alten Schlosses*	*der alten Schlösser*
Dativ	*dem alten Schloss*	*den alten Schlössern*
Akkusativ	*das alte Schloss*	*die alten Schlösser*

Konjugation

Konjugiert werden **Verben** nach Person, Numerus, Tempus (Zeit), Modus (Indikativ, Konjunktiv, Imperativ) und Handlungsart (Aktiv, Passiv).

	Numerus	
Person	Singular	Plural
1. Person	*ich sage*	*wir werden sagen*
2. Person	*du hast gesagt*	*ihr sagtet*
3. Person	*er/sie/es sagte*	*sie hätten gesagt*

Komparation

Die Komparation (Steigerung) ist eine besondere Art der Formveränderung bei **Adjektiven** (und einigen Adverbien). Es gibt drei Steigerungsstufen: Positiv (Grundstufe), Komparativ (Höherstufe), Superlativ (Höchststufe).

Positiv	*kühl*	*viel*
Komparativ	*kühler*	*mehr*
Superlativ	*der kühlste [Tag]*	*am meisten*

→ Wie werden neue Wörter gebildet?

Aus einem Grundbestand von Wörtern und Morphemen (Wortbausteinen) können nach bestimmten Regeln neue Wörter gebildet werden. Es findet eine Erweiterung des Wortschatzes statt. Man unterscheidet zwei Hauptarten von Wortbildung,

- die Zusammensetzung (Komposition) und
- die Ableitung (Derivation).

Zusammensetzung (Kompositum, Plural: Komposita)

Ein zusammengesetztes Wort besteht aus zwei oder mehreren selbstständig vorkommenden Wörtern, gewöhnlich aus einem Grundwort und einem vorangehenden Bestimmungswort.

Bestimmungswort +	**Grundwort**
Tisch-	*bein*
heim-	*gehen*
wasser-	*dicht*
Strumpf-	*hose*
Sonnen-	*bank*

Ableitung (Derivat, Plural: Derivate)

Eine Ableitung besteht aus einem selbstständig vorkommenden Wort (oder seinem Stamm) und einem oder mehreren unselbstständigen Morphemen (nicht allein vorkommenden Wortbausteinen).

Morphem +	Wort/Stamm +	Morphem
	Mess-	*ung*
er-	*kennen*	
Miss-	*bild-*	*ung*

Innerhalb eines Wortes können Zusammensetzung und Ableitung miteinander kombiniert werden.

Zusammensetzung

Taxi-fahr-er

Ableitung

Nicht alle Elemente sind miteinander kombinierbar *(un-alt)*. In der Werbung oder in der Politik werden aber ganz bewusst Wortbildungsmuster nicht beachtet, um die Eindringlichkeit und Originalität zu betonen:

un-kaputt-bar
frisch-wärts

Wortarten

- **Wortarten**
  - veränderbar (flektierbar)
    - deklinierbar
      - **Nomen (Substantive)**
        Festes Genus: *der* ***Mann****, die* ***Frau****,*
        das ***Kind***
        Kasusformen: *der* ***Mann****, den* ***Mann****,*
        dem ***Mann****, des* ***Mannes***
      - **Artikelwörter und Pronomen**
        Genusformen: *er, sie, es – der, die, das –*
        dieser, diese, dieses
        Kasusformen: *wer, wen, wem, wessen –*
        mein, meinen, meinem, meines
      - **Adjektive**
        Genusformen: ***starker*** *Wind,*
        gutes *Wetter,* ***große*** *Kälte*
        Komparation: *schnell, schneller,*
        am schnellsten
    - konjugierbar
      - **Verben**
        ich ***schreibe***
        ich ***habe geschrieben***
        ich ***schrieb***
        ich ***hatte geschrieben***
        ich ***werde schreiben***
  - nicht veränderbar (nicht flektierbar)
    - **Adverbien**
      oben, unten, morgens, abends
    - **Partikeln**
      bloß, doch, eben, etwa
    - **Präpositionen**
      in, auf, zu, um, mit, wegen
    - **Konjunktionen**
      und, oder, dass, wenn, weil

→ **Verben** (Tätigkeitswörter)

Verben werden auch Tätigkeitswörter genannt, denn viele drücken Tätigkeiten aus (z. B. *laufen*), aber nicht alle *(heißen, werden)*.

Wie sind Verben aufgebaut?

Verben können sich aus unterschiedlichen Bestandteilen (Morphemen) zusammensetzen. Neben **einfachen Verben,** die lediglich aus dem Stamm und Flexionsendungen bestehen *(kommen, nehmen …)*, gibt es viele **abgeleitete Verben** *(be-kommen, teil-nehmen …)*.

- **Einfache Verben** → Wortstamm + Flexionsendungen:

  komm-en, nehm-en, komm-t, nimm-st

- **Abgeleitete Verben** (Präfix/Verbzusatz + Wortstamm)
  - **Nicht trennbare Verben** → Das Präfix kann nicht vom Wortstamm getrennt werden:

    *Du **be-komm-st** ein Geschenk.*
    *Du **be-nimm-st** dich unmöglich.*

  - **Trennbare Verben** → Der Verbzusatz wird in manchen Sätzen vom Wortstamm getrennt. Beide Teile gehören zum Prädikat:

    *Er **kommt** später **nach**.* (nach-kommen)
    *Er **nimmt** an der Weiterbildung **teil**.* (teil-nehmen)

Manche Stämme können sowohl ein Präfix (nicht trennbar) als auch einen Verbzusatz (trennbar) an sich binden. Dabei ändert sich die Bedeutung:

*Jannik **fuhr** den Wegweiser **um*** (im Sinne von *rammen*).
*Jannik **umfuhr** das Schild* (im Sinne von *ausweichen*).

Wie werden Verben im Satz verwendet?

Verben können im Satz unterschiedlich verwendet werden, d. h. sie übernehmen verschiedene Aufgaben. Man unterscheidet:

- **Vollverben,**
- **Hilfsverben,**
- **Modalverben** und
- **modifizierende Verben.**

Vollverben

Vollverben sind alle Verben, die ohne weitere Verben im Satz vorkommen können. Sie besitzen eine eigene **Bedeutung:**

*Sie **liebt** ihn.*
*Der Fahrer **übersah** den entgegenkommenden Bus.*
*Der Unfall **forderte** zwei Verletzte.*

→ *Persönliche und unpersönliche Verben*

- Die meisten Verben sind **persönliche Verben.** Sie können in allen drei Personen gebraucht werden:

  *Ich **laufe.** Du **lachst.** Sie **arbeitet.***

- **Unpersönliche Verben** können nur mit einem bedeutungsleeren *es* verbunden werden:

  *Es **regnet/nieselt/donnert/blitzt/schneit.** Es **zieht.***

Unpersönliche Verben können aber bei übertragenem Gebrauch auch ein anderes Pronomen oder Nomen bei sich haben:

***Die Küche blitzt** vor Sauberkeit.*
***Das Auto donnert** über die Straße.*

→ ***Transitive, intransitive und reflexive Verben***

- **Transitive Verben** stehen mit einem **Akkusativobjekt** (Akkusativergänzung). Es können aber noch andere Satzglieder hinzutreten (z. B. Dativobjekt, adverbiale Bestimmung).

  *Die Feuerwehr **löscht** den Brand.*

  *Ich **schenke** dir ein Buch.*

Von **transitiven Verben** kann das **Vorgangspassiv** mit dem Hilfsverb *werden* gebildet werden. Das Akkusativobjekt des Aktivsatzes wird im Passivsatz zum Subjekt; das Subjekt des Aktivsatzes wird in eine Präpositionalgruppe umgewandelt oder weggelassen. Weitere Objekte bleiben gleich.

Aktiv: *Die Feuerwehr löscht **den Brand.***
Passiv: ***Der Brand** wird (von der Feuerwehr) gelöscht.*

- **Intransitive Verben** fordern **keine Akkusativobjekte** (Akkusativergänzungen). Sie stehen stattdessen mit einem Genitiv- oder einem Dativobjekt oder mit einem Präpositionalobjekt. Das Objekt kann auch ganz fehlen:

  Mit Dativobjekt: *Ich **half** dem kleinen Jungen.*
  Mit Genitivobjekt: *Sie **bedarf** besonderer Aufmerksamkeit.*
  Ohne Objekt: *Paula **schläft.***

Intransitive Verben bilden ein **subjektloses Vorgangspassiv** oder gar **kein Vorgangspassiv** aus.

Aktiv: *Ich **half** dem kleinen Jungen.*
Passiv: *Dem kleinen Jungen wird geholfen.* (subjektlos)

Aktiv: *Paula **schläft.***
Passiv: –

- **Echte reflexive Verben** treten immer mit einem Reflexivpronomen, das sich auf das Subjekt des Satzes bezieht, auf.

  *Ich **schäme mich.** Hast du **dich verirrt?***
  *Sie **entschloss sich** zu einer langen Forschungsreise.*

- **Unechte reflexive Verben** können statt mit einem Reflexivpronomen auch mit einem Nomen oder Pronomen gebraucht werden.

  (Reflexiv:) *Sie **kämmt sich.***
  (Nicht reflexiv, sondern transitiv:) *Sie **kämmt das Kind/es.***

Viele Verben sind nicht auf eine Verwendung festgelegt. Erst aus dem jeweiligen Satzzusammenhang geht hervor, ob das Verb intransitiv, transitiv oder reflexiv verwendet wird.

*Ich **wasche** mich.* (reflexiv)
*Ich **wasche** den Hund.* (transitiv)
*Ich **wasche.*** (intransitiv)

Hilfsverben (»haben«, »sein«, »werden«)

Hilfsverben kommen zusammen mit einem Vollverb vor und dienen dazu, bestimmte Tempusformen und das Passiv zu bilden (*haben, sein:* Perfekt, Plusquamperfekt; *werden:* Futur und Passiv).

*Die Kinder **haben/hatten** geschlafen; **sind** aufgewacht;*
*   **werden** schlafen; **werden/wurden** geweckt.*

Hilfsverben können auch als Vollverben, also ohne andere Verben, verwendet werden:

*Ich **habe** eine Katze. Ich **werde** im Sommer 30. Ich **bin** Lisa.*

Modalverben

Modalverben drücken in Verbindung mit einem Vollverb aus, dass etwas möglich, notwendig, gewollt, erlaubt, gefordert ist.

> ***Können*** *wir uns morgen treffen?*
> *Wir* ***möchten/wollen*** *ins Kino gehen.*
> ***Darf*** *ich rauchen?*
> *Wir* ***sollen*** *uns gedulden.*
> *Ich werde den Termin absagen* ***müssen.***

Modifizierende Verben

Modifizierende Verben wandeln in Verbindung mit *zu* und einem Vollverb im Infinitiv dessen Inhalt ab:

> *Das Schiff* ***drohte*** (war im Begriff) *zu sinken.*
> *Es* ***schien*** (hatte den Anschein) *zu glücken.*

Modalverben und modifizierende Verben können auch als Vollverben gebraucht werden:

Vollverb	*Sie* ***drohte,*** *ihn zu verraten.*
modifizierendes Verb	*Das Schiff* ***drohte*** *zu sinken.* (Nicht: *Das Schiff* ***drohte,*** *dass es sinkt.*)

Funktionsverben

Funktionsverben verlieren in Verbindung mit bestimmten Nomen ihre eigentliche Bedeutung. Die Verbindungen mit einem Funktionsverb (Funktionsverbgefüge) stehen gewöhnlich als Umschreibung für ein einfaches Verb:

> *zur Aufführung bringen* (aufführen)
> *zum Abschluss bringen* (abschließen)

Welche Bedeutungsgruppen der Verben gibt es?

Verben können auch nach ihrer Bedeutung in verschiedene Klassen eingeteilt werden:

- **Tätigkeitsverben:** Es gibt einen »Verursacher«.

  *Sie **lernt** Spanisch.*
  *Die Kinder **spielen.***

- **Vorgangsverben:** Das Geschehen wird nicht von einem »Verursacher« gesteuert.

  *Das Kind **wächst** schnell.*
  *Blumen **verblühen** irgendwann.*

- **Zustandsverben:** Etwas bleibt unverändert.

  *Claudia **ähnelt** ihrer Schwester.*
  *Der Schaden **beträgt** 30 EUR.*

Manchmal entscheidet erst der Satzzusammenhang, welcher Bedeutungsgruppe ein Verb zugeordnet werden kann.

*Petra **schwimmt*** (Tätigkeitsverb) *wie ein Profi.*
*Das Blatt **schwimmt*** (Vorgangsverb) *auf dem Meer.*

Welche Ergänzungen fordert das Verb?

Ein Satz baut sich ausgehend vom Verb auf. Damit ein grammatisch korrekter und inhaltlich vollständiger Satz entsteht, fordert (»regiert«) jedes Verb eine bestimmte Anzahl und Art von Satzgliedern. Diesen Sachverhalt bezeichnet man als Valenz (Wertigkeit) des Verbs.

Die vom Verb verlangten Satzglieder heißen **Ergänzungen**. Man unterscheidet je nach Anzahl der Ergänzungen zwischen ein-, zwei- und dreiwertigen Verben.

Einwertige Verben

- **Verben, die nur ein Subjekt haben:**

  *Das Baby **schläft**. Die Sonne **scheint**.*

Zweiwertige Verben

- **Verben mit Subjekt und Akkusativobjekt:**

  *Er **repariert** sein Auto. Sie **liest** einen Roman.*

- **Verben mit Subjekt und Präpositionalobjekt:**

  *Inga **achtete** auf ihre Schwester.*

- **Verben mit Subjekt und Prädikativergänzung:**

  *Er **wird** Maurer. Sie **ist** intelligent.*

- **Verben mit Subjekt und adverbialer Bestimmung (Raum- oder Zeitergänzung):**

  *Er **wohnt** in Köln. Die Sitzung **dauerte** zwei Stunden.*

- **Verben mit Subjekt und Dativobjekt**

  *Das Buch **gehört** mir. Sie **dankte** den Rettern.*

Dreiwertige Verben

- **Verben mit Subjekt, Dativ- und Akkusativobjekt:**

  *Sie **schenkt** ihm ein Buch.*

!

Ergänzungen können manchmal auch im Satz weggelassen werden, sie werden dann mitgedacht:

*Sie **liest** (ein Buch).*

Dass etwas gelesen wird, geht aus dem Verb direkt hervor und muss daher nicht genannt werden (*jemand liest etwas*). Das Verb *lesen* ist zweiwertig.

Vergleiche im Unterschied dazu *husten*: *Andreas **hustet**.*

Wie werden Verben konjugiert?

Konjugation meint den Flexionsprozess der Verben. Die wichtigsten Unterschiede in der Konjugation bestehen in den Formen des Präteritums und des Partizips II. Nach den Bildungsweisen dieser beiden Formen (Stammformen) unterscheidet man:

- **Regelmäßige (»schwache«) Konjugation:** Bei den schwachen Verben bleibt der Stammvokal in allen Formen gleich; das Präteritum wird mit *-t-* zwischen dem Stamm und den Endungen gebildet, das Partizip II mit dem Präfix *ge-* und der Endung *-t.*

Stammformen

Infinitiv	**1. Pers. Sg. Prät.**	**Partizip II**
sagen	*sag-**te***	***ge**-sag-**t***
lieben	*lieb-**te***	***ge**-lieb-**t***

- **Unregelmäßige (»starke«) Konjugation:** Bei den starken Verben wechselt der Stammvokal (Ablaut); das Partizip II wird mit dem Präfix *ge-* und der Endung *-en* gebildet. Teilweise ändert sich beim Partizip II erneut der Stammvokal.

Stammformen

Infinitiv	**1. Pers. Sg. Prät.**	**Partizip II**
frieren	*fror*	***ge**-fror- **en***
sprechen	*sprach*	***ge**-sproch- **en***
binden	*band*	***ge**-bund- **en***
werfen	*warf*	***ge**-worf- **en***
ziehen	*zog*	***ge**-zog- **en***
stehen	*stand*	***ge**-stand- **en***

Bei einigen unregelmäßigen Verben verändert sich auch der auf den Stammvokal folgende Konsonant oder er wird verdoppelt.

Stammformen

Infinitiv	**1. Pers. Sg. Prät.**	**Partizip II**
schneiden	*schnitt*	***ge**-schnitt- **en***
ziehen	*zog*	***ge**-zog- **en***

- Eine weitere Gruppe der unregelmäßigen Verben hat im Präteritum und im Partizip II Vokal- (und Konsonanten-)wechsel, weist aber die Endungen der regelmäßige Verben auf. Man spricht daher auch von **gemischter Konjugation / gemischten Verben.**

Stammformen

Infinitiv	**1. Pers. Sg. Prät.**	**Partizip II**
brennen	*brann-* ***te***	***ge****-brann-* ***t***
denken	*dach-* ***te***	***ge****-dach-* ***t***
bringen	*brach-* ***te***	***ge****-brach-* ***t***

Anhand der Stammformen (Infinitiv, Präteritum, Partizip II) kann man erkennen, wie ein Verb insgesamt konjugiert wird. Daher werden sie vor allem bei unregelmäßigen Verben im Wörterbuch angeführt.

Die Verbformen

→ *Personalform*

Verbformen, die in Person und Numerus mit dem Subjekt übereinstimmen, heißen Personalformen (finite Verbformen). Person und Numerus werden meist durch bestimmte Endungen (Personalendungen) angezeigt, die an den Verbstamm angefügt werden. Die Personalform des Verbs gibt Auskunft über:

■ **die Person**	**1., 2., 3. Person**	*ich spiele* (1. Person) *du spielst* (2. Person) *er/sie/es spielt* (3. Person)
■ **den Numerus** (die Anzahl)	**Singular, Plural**	*ich spiele – wir spielen* *du spielst – ihr spielt* *er/sie/es spielt – sie spielen*

■ **den Modus** (die Aussageweise)	**Indikativ**	Neutrale Darstellung: *Er **läuft** zu dir.*
	Konjunktiv I	Vor allem in der indirekten Rede: *Er sagt, er **laufe** zu dir.*
	Konjunktiv II	Unwirkliches/Wünsche/Vermutungen: *Wenn er Zeit **hätte, liefe** er zu dir.*
	Imperativ	Aufforderung, etwas zu tun: ***Lauf** zu mir!*

Teilweise unterscheiden sich die Personalformen des Verbs nicht voneinander (Formenzusammenfall):

*wir lauf**en*** → 1. Person Plural ↔ *sie lauf**en*** → 3. Person Plural

→ *Infinitiv und Partizip*

Verbformen, die nicht nach Person und Numerus bestimmt sind, werden als infinite Verbformen bezeichnet. Man unterscheidet Infinitiv, Partizip I und Partizip II.

Infinitiv

■ **Bildung**

– Der Infinitiv (die Grund- oder Nennform) besteht aus dem Verbstamm und der Endung *-en* oder (bei Verben auf *-el, -er*) *-n.*
*komm-**en**, les-**en**, bügel-**n**, kletter-**n***

■ **Gebrauch**

– **als Teil des Prädikats:** in Verbindung mit anderen Verben (vor allem mit dem Hilfsverb *werden*, mit Modalverben und mit modifizierenden Verben)
*Wann werden wir uns **wiedersehen?***
*Ich muss **abreisen.***
*Er scheint noch nicht ganz wach **zu sein.***

– als **eigenständiges Satzglied** (nominalisiert):
__Reisen__ macht schlau.
__Das Wandern__ ist des Müllers Lust.

Einen Infinitiv mit *zu* nennt man **Infinitivgruppe;** sie bildet meist einen Nebensatz:

Ich habe versprochen, __zu kochen.__
Du hast vergessen, __zu antworten.__

Stehen mit einem Infinitiv mit *zu* noch andere Wörter oder Wortgruppen, liegt eine **erweiterte Infinitivgruppe** vor:

Dieses Problem __zu lösen__, ist schwierig.
Er nahm sich vor, im neuen Jahr ein besserer Mensch __zu werden.__

Partizip I

- **Bildung**
  – Infinitiv + *d: __kommend__, __weinend__, __blühend__*
- **Gebrauch**
  – als **Attribut zu einem Nomen**: Das Partizip wird als Adjektiv gebraucht und dekliniert. Es weist dieselben Eigenschaften (Kasus, Numerus, Genus) auf wie das Nomen, das es begleitet.
  ein __weinendes__ Kind (Nominativ, Neutrum, Singular)
  wegen der __weinenden__ Kinder (Genitiv, Neutrum, Plural)
  – als **Satzglied:** Es wird als **Adjektiv** gebraucht, das aber nicht dekliniert wird.
  Das Kind lief __weinend__ zur Mutter.
  __Lächelnd__ schlief sie ein.

Partizip II

- **Bildung**

  In der Regel erhält es das Präfix *ge-* und die Endung *-t* (schwache Verben) bzw. *-en* (starke Verben).

  *stellen – **gestellt**, arbeiten – **gearbeitet**, laufen – **gelaufen***

  – *ge-* entfällt bei **untrennbaren Verben** (Präfix + Verbstamm):
  *bestellen – bestell**t**, verarbeiten – verarbeite**t**, vorbestellen – vorbestell**t***

  – *ge-* entfällt bei Verben auf *-ieren*:
  *studieren – studier**t**, rationalisieren – rationalisier**t***

  – *ge-* entfällt bei Zusammensetzungen mit Verben dieser beiden Gruppen:
  *abfotografieren – abfotografier**t**, einstudieren – einstudier**t***

  – Bei **trennbaren Verben** tritt ge- zwischen Verbzusatz und Verbstamm:
  *vorstellen – vor**gestellt**, loslegen – los**gelegt***

- **Gebrauch**

  – hauptsächlich **in Verbindung mit Hilfsverben** (Bildung von Tempus- und Passivformen):

Perfekt Aktiv	*er hat **gesagt***
Plusquamperfekt Aktiv	*er hatte **gesagt***
Futur II Aktiv	*er wird **gesagt** haben*
Präsens Passiv	*es wird **gesagt***

  – als **Attribut zu einem Nomen:** Das Partizip wird als Adjektiv gebraucht und dekliniert. Es weist dieselben Eigenschaften (Kasus, Numerus, Genus) auf wie das Nomen, das es begleitet.
  *ein **geprügelter** Hund, die **gerettete** Katze*

  – als **Satzglied:** Es wird als **Adjektiv** gebraucht, das allerdings nicht dekliniert wird.
  ***Genervt** knallte sie die Tür zu. Er saß **bedrückt** auf dem Sofa.*

Hängen von einem Partizip andere Wörter oder Wortgruppen ab, liegt eine **Partizipialgruppe** vor (erweitertes Partizip).

- als erweitertes Attribut:

  Der von der Polizei verfolgte Dieb floh.
  Die vor Wut schnaubende Frau schrie.

- als Nebensatz:

  Von der Muse geküsst, schrieb er ein Gedicht.
  Mit einem Bein hinkend, kam er ins Ziel.

Partizipien, die nur noch als Adjektive empfunden werden, können auch Steigerungsformen bilden und in Verbindung mit *sein, werden* usw. als Prädikativ dienen.

Partizip I: *Die Reise war **anstrengender,** als ich dachte.*
Partizip II: *Diese Aussprache ist bei uns **am verbreitetsten.***

Infinitiv oder Partizip? – Der Ersatzinfinitiv

- Wenn Modalverben mit einem Infinitiv kombiniert werden, dann wird im Perfekt, Plusquamperfekt und Futur II nicht das Partizip II, sondern der Infinitiv ausgebildet. Das nennt man **Ersatzinfinitiv.**

  *Ich habe die Formel nicht anwenden **können*** (nicht: *gekonnt*).
  *Sie hätte sich besser vorbereiten **sollen*** (nicht: *gesollt*).

- Bei den Verben *hören, lassen, sehen* und *brauchen* kann sowohl der Ersatzinfinitiv als auch das Partizip II gewählt werden:

  *Sie haben das Flugzeug abheben **sehen/gesehen.***
  *Ich habe deine Schwester singen **hören/gehört.***

Die Tempora (Zeitformen) und ihr Gebrauch

→ *Präsens*

Bildung

– Wortstamm + Personalendung
Sie kauf-t. Ich kauf-e. Wir kauf-en. Er läuf-t. Ich lauf-e. Sie lauf-en.

Gebrauch

– Man drückt aus:

ein gegenwärtiges Geschehen	*Wohin **gehst** du?* *Ich **gehe** nach Hause.*
eine allgemeine Gültigkeit	*Zwei mal drei **ist** sechs.*
ein zukünftiges Geschehen	*Morgen **fliege** ich nach Irland.* *Das **bereut** er noch.*
ein vergangenes Geschehen (historisches Präsens).	*Im Jahre 55 v. Chr. **landen** die Römer in Britannien.*

→ *Präteritum*

Bildung

– **regelmäßig:** Wortstamm + *t*	*leben – er leb-**t**-e*
– **unregelmäßig:** Änderung des Stammvokals + ggf. der Konsonanten	*laufen – er l**ie**f* *schneiden – er schn**itt***

Gebrauch

– Das Präteritum schildert ein Geschehen als vergangen oder in der Vergangenheit ablaufend:
*Es **war** einmal ein König, der **hatte** drei Töchter.*

– Es dient auch der Kennzeichnung unausgesprochener Gedanken (»erlebte Rede«):
*Er **dachte** angestrengt **nach**. Wie **konnte** das geschehen?*

→ *Perfekt*

Bildung

Präsensform des Hilfsverbs *haben* oder *sein* + Partizip II des Vollverbs:

*Ich **bin** gelaufen.*
*Du **hast** gegessen.*

– **Transitive** und **reflexive** Verben bilden die Perfektform mit *haben:*

*Er **hat** seine Freundin umarmt. Ich **habe** mich geschämt.*

– **Intransitive** Verben meistens mit *sein:*

Beim **Übergang in einen anderen Zustand:**
*Ich **bin** eingeschlafen.*

Bei **Richtungs- und Ortsangaben:**
*Einmal **sind** wir bis zur Insel geschwommen.*

Bei intransitiven Verben, die eine **Bewegung** ausdrücken, kann zwischen *haben* und *sein* gewählt werden:
*Im Urlaub **haben/sind** wir viel geschwommen.*

Gebrauch

Das Perfekt dient der Darstellung eines **abgeschlossenen Geschehens** oder eines erreichten Zustandes, gelegentlich auch in der Zukunft.

*Es **hat geschneit.** Sie **sind** gestern **abgefahren.** Morgen **haben** wir es **geschafft.***

→ *Plusquamperfekt*

Bildung

Präteritumformen des Hilfsverbs *haben* oder *sein* + Partizip II des Vollverbs:

*Ich **war** gelaufen.*
*Du **hattest** gelesen.*

– **Transitive** und **reflexive** Verben bilden die Perfektform mit *haben:*
*Er **hatte** seine Freundin umarmt.*
*Ich **hatte** mich geschämt.*

– **Intransitive** Verben bilden das Plusquamperfekt meistens mit *sein*:

Beim **Übergang in einen anderen Zustand:**
*Ich **war** eingeschlafen.*

Bei **Richtungs- und Ortsangaben:**
*Einmal **waren** wir bis zur Insel geschwommen.*

Bei intransitiven Verben, die eine **Bewegung** ausdrücken, kann zwischen *haben* und *sein* gewählt werden:
*Im Urlaub **hatten/waren** wir viel geschwommen.*

■ Gebrauch

Es dient der Darstellung eines **abgeschlossenen Geschehens.** In Verbindung mit dem Präteritum oder dem Perfekt drückt es aus, dass ein Geschehen zeitlich vor einem anderen liegt (Vorzeitigkeit; Vorvergangenheit).

*Er **hatte** schon **gefrühstückt,** als wir ihn abholten.*
*Sie **war** schon **eingeschlafen,** bevor der Film anfing.*

→ *Futur I*

■ Bildung

Präsensformen des Hilfsverbs *werden* + Infinitiv des Vollverbs:

*Ich **werde** heute Abend **lesen.***
*Du **wirst** bald **jubeln.***

■ Gebrauch

Man drückt aus:

eine Ankündigung, Voraussage	*Nachts **wird** der Wind **auffrischen.***
eine Absicht, ein Versprechen	*Ich **werde** pünktlich **da sein.***
eine nachdrückliche Aufforderung	*Du **wirst** das sofort **zurücknehmen.***
eine Vermutung	*Er **wird** schon längst in Rom **sein.***

Das Hilfsverb *werden* dient auch dazu, Passivformen auszubilden (→ Seite 41).

Futur I Aktiv: *Er **wird schimpfen.***
Präsens Passiv: *Er **wird geschimpft.***
Futur I Passiv: *Er **wird geschimpft werden.***

→ ***Futur II***

- **Bildung**

  Mischung aus Perfekt und Futur I: Präsensformen des Hilfsverbs *werden* + Infinitiv Perfekt:

  *Bis morgen **werde** ich die Aufgabe **erledigt haben.***
  *Er **wird** im Haus **geblieben sein.***

- Gebrauch

  – Darstellung eines Geschehens, das zu einem künftigen Zeitpunkt beendet sein wird (vollendete Zukunft):

  *Ich **werde abgereist sein.***

  – **Vermutung** über ein vergangenes Geschehen:

  *Es **wird** schon nicht so schlimm **gewesen sein.***
  *Du **wirst geträumt haben.***

Der Modus (Aussageweise, Plural: Modi)

Im Deutschen gibt es drei Modi:

- **Indikativ** (Wirklichkeitsform),
- **Konjunktiv I, II** (Möglichkeitsform) und
- **Imperativ** (Befehlsform).

→ *Indikativ*

Der Indikativ kann in allen Tempora (Zeitformen) gebildet werden.

- **Bildung**

  Der Indikativ gilt als die **Normalform** sprachlicher Äußerungen. Das finite Verb (Personalform) zeigt lediglich Flexionsendungen für Person und Numerus:

  *Um acht Uhr **klingel-t** mein Wecker und um neun **fahr-e** ich zur Arbeit.*

- **Gebrauch**

  Er stellt einen Sachverhalt neutral dar:

  *Laura **wird** im Februar volljährig. Nachts **sind** alle Katzen grau.*

→ *Konjunktiv I und II*

Konjunktiv I

- **Bildung**

  Der Konjunktiv I wird ausgehend vom Präsensstamm des finiten Verbs gebildet. Die meisten Endungen enthalten ein *e:*

Indikativ Präsens:	*du **geh-st***	Konjunktiv I Präsens:	*du **geh-e-st***
Indikativ Futur I:	*er **wird gehen***	Konjunktiv I Futur I:	*er **werd-e gehen***

- **Gebrauch**

  vor allem in der **indirekten Rede:**
  In der indirekten Rede wird eine Äußerung vom Standpunkt des berichtenden Sprechers aus wiedergegeben. Diese Redewiedergabe wird meist **durch ein Verb des Sagens (auch Fragens)** oder **Denkens eingeleitet**:

	Direkte Rede	Indirekte Rede
Präsens	*Sie **schläft** schon.* (Indikativ Präsens)	*Er behauptet, sie **schlaf-e** schon.* (Konjunktiv I Präsens)
Perfekt	*Lara **hat** die Prüfung bestanden.* (Indikativ Perfekt)	*Er erzählt, Lara **hab-e** die Prüfung bestanden.* (Konjunktiv I Perfekt)

– selten in **Wünschen, Ausrufen und Aufforderungen:**
*Sie **leb-e** hoch!*
*Man **nehm-e** 1 Liter Milch und **vermisch-e** es mit dem Mehl.*

– in festen Wendungen:
*Dem Himmel **sei** Dank! Komme, was **woll-e.***

In der indirekten Rede ist der Indikativ üblich, wenn der wiedergegebene Satz durch die Subjunktionen *dass* oder *ob* eingeleitet wird.

*Ich frage mich, **ob** sie schon **schläft**/schlafe.*
*Er behauptet, **dass** sie ihre Prüfungen geschwänzt **hat**/habe.*

Teilweise fallen die Formen des Konjunktivs I mit denen des Indikativs zusammen. In diesen Fällen weicht man oft auf die Form des Konjunktivs II aus.

Indikativ Präsens / Konjunktiv I Präsens: *Ich sagte ihm, ich **gehe** ins Kino.*
Ausweichen auf Konjunktiv II Präsens: *Ich sagte ihm, ich **ginge** ins Kino.*

Konjunktiv II

■ Bildung

Die Form des Konjunktivs II wird **ausgehend vom Präteritumstamm** des finiten Verbs gebildet.

– **Regelmäßige Verben:** Formengleichheit zum Präteritum Indikativ
Indikativ Präteritum: *er liebte, er redete, wir arbeiteten, ihr lachtet*
Konjunktiv II Präsens: *er liebte, er redete, wir arbeiteten, ihr lachtet*

– **Unregelmäßige Verben:** Umlaut des Vokals im Präteritumstamm
Indikativ Präteritum: *er wusste, sie konnte*
Konjunktiv II Präsens: *er w**ü**sste, sie k**ö**nnte*

– Bei **fehlender t-Endung** zusätzlich mit *e:*
Indikativ Präteritum: *du gingst, sie rief*
Konjunktiv II Präsens: *du* ***ging-e-st,*** *sie* ***rief-e***

Gebrauch

– besonders häufig in **irrealen Bedingungssätzen:**
Wenn Ferien ***wären, käme*** *meine Freundin zu Besuch.*

– in **irrealen Vergleichssätzen:**
Johann rannte, als wenn es um sein Leben ***ginge.***

– bei **unwirklichen/unrealen** Aussagen:
Stell dir vor, es ***wären*** *Ferien.*
Im Schlaraffenland ***gäbe*** *es viele Süßigkeiten.*

– bei höflichen **Wünschen:**
Ich ***hätte*** *gern ein neues Kleid.*
Würden *Sie mir bitte die Tasche abnehmen?*

– bei vorsichtigen **Vermutungen oder Behauptungen:**
So ***müsste*** *die Formel stimmen.*
Fabian ***müsste*** *meine Nachricht schon erhalten haben.*

Die einfachen Formen des Konjunktivs II können durch *würde*-Formen ersetzt werden, um

... Missverständnisse aufgrund von Überschneidungen zu den Formen des Indikativs zu vermeiden:

In der Ferienzeit ***reiste*** *ich nach Spanien.* (Indikativ oder Konjunktiv II?)
→ *In der Ferienzeit* ***würde*** *ich nach Spanien* ***reisen.*** (Konjunktiv II)

... um ungebräuchliche oder besonders auffällige Formen zu vermeiden:

er ***würfe*** → *er* ***würde werfen***
ich ***wüchse*** → *ich* ***würde wachsen***

Schwierige Konjunktivformen:

	Konjunktiv I Präsens	Konjunktiv II Präsens
sein	*er sei*	*er wäre*
können	*er könne*	*er könnte*
sollen	*er solle*	*er sollte* (nicht: *söllte*)
wollen	*er wolle*	*er wollte* (nicht: *wöllte*)
müssen	*er müsse*	*er müsste*

→ ***Imperativ***

■ **Bildung im Singular**

– Endungen mit *-e* oder endungslose Formen:
Geh[e]! Lauf[e]!

– Einige starke Verben, die im Präsensstamm zwischen *e* und *i [ie]* wechseln, bilden den Imperativ Singular endungslos und mit dem Stammvokal *i [ie]*:
Sprich (nicht: *Sprech*) *lauter!* ***Lies*** (nicht: *Les*) *das Buch!* ***Hilf*** (nicht: *Helf*) *mir!* ***Iss*** (nicht: *Ess*) *auf!*

■ **Bildung im Plural**

– Die **2. Person Plural** ist identisch mit der Form des Indikativs:
Tretet *zurück!* ***Lest*** *das Buch!*

– Die **3. Person Plural** (Höflichkeitsform) ist identisch mit der Form des Infinitivs:
Treten *Sie zurück!* ***Lesen*** *Sie das Buch!*

■ **Gebrauch**

– Aufforderung (Befehl, Verbot, Anweisung, Empfehlung, Rat, Wunsch, Bitte, Mahnung, Warnung):
Beeil[e] *dich!* ***Gib*** *ihr das nicht!* ***Gehen*** *Sie bitte langsamer!*

Wenn man selbst zur angesprochenen Gruppe gehört, wird häufig die *wir*-Form genutzt:

__Packen wir__ es an! __Warten wir__ noch auf die anderen!

Aktiv und Passiv (Handlungsart, Diathese, Genus Verbi)

Aktiv und Passiv drücken unterschiedliche **Blickrichtungen bzw. Handlungsarten** (Genus Verbi) des Verbs aus. Aktiv und Passiv können in allen Tempora (Zeitformen) vorkommen. (→ Tabelle S. 41)

→ *Aktiv*

Im Aktiv wird das Geschehen von seinem Träger (»Täter«) her dargestellt.

Der Vorstand __verhindert__ den Spielerkauf. (Präsens)
Die Mitschüler __wählten__ sie zur Klassensprecherin. (Präteritum)

→ *Vorgangspassiv* (*werden*-Passiv)

- **Bildung**

  Hilfsverb *werden* + Partizip II des betreffenden Verbs:

  Der Spielerkauf __wird__ (vom Vorstand) __verhindert.__ (Präsens)

- **Gebrauch**

  Es stellt den Vorgang (das Geschehen, die Handlung) in den Vordergrund; der »Handelnde« (Subjekt) tritt zurück, er kann als Präpositionalobjekt genannt werden. Die betroffene Person (oder der Sachverhalt) wird zum Subjekt des Passivsatzes:

  Die Diebe haben die Bank ausgeraubt. (Aktiv Perfekt)
  Die Bank __ist__ (von den Dieben) __ausgeraubt worden.__ (Passiv Perfekt)

Wenn der Aktivsatz das unpersönliche Pronomen *man* als Subjekt hat, fehlt im Passivsatz der Handelnde:

Aktiv: ***Man** rettete ihn.* Passiv: *Er **wurde** gerettet.*

→ ***Zustandspassiv*** (*sein*-Passiv)

- **Bildung**

  Form von *sein* + Partizip II des Vollverbs:

  *Das Gelände **ist** von Demonstranten **besetzt.*** (Präsens)

- **Gebrauch**

  Es drückt keinen Vorgang, sondern das Ergebnis eines erreichten Zustand aus. Der Handelnde wird meist weggelassen:

  *Die Autobahn **ist** wegen Bauarbeiten **gesperrt gewesen.*** (Perfekt)
  *Der Antrag **wird** morgen bereits **abgelehnt sein.*** (Futur I)
  *Das Fenster **war** nicht **geöffnet.*** (Präteritum)

Kann von allen Verben das Passiv gebildet werden? (Passivfähige Verben)

- Alle Verben weisen Aktivformen auf, aber nicht alle Verben können das Passiv bilden. **Passivfähig** sind die meisten Verben mit einem Akkusativobjekt (transitive Verben):

  Die Behörde [Subjekt] lehnte den Antrag (Akkusativobjekt) *ab.* (Aktiv)

  Der Antrag [Subjekt] wurde [von der Behörde] (Präpositionalobjekt) *abgelehnt.*

- Von einigen Verben, die ein Akkusativobjekt verlangen, kann jedoch **kein Passiv** gebildet werden (*haben, besitzen, bekommen, kennen, wissen, enthalten* usw.):

  aktiv: *Sie **hat** eine neue Frisur.*
  nicht möglich: *Eine neue Frisur wird [von ihr] gehabt.*

- Von den **intransitiven Verben** können nur bestimmte Tätigkeitsverben *(helfen, lachen, tanzen, feiern, sprechen)* ein sogenanntes **unpersönliches Passiv** bilden. Entweder gibt es kein Subjekt oder es steht ein unpersönliches *es*.

  Damit ***ist*** *mir auch nicht* ***geholfen.***
  Gestern ***ist*** *bei uns lange* ***gefeiert worden.***
  Es ***wurde*** *viel* ***gelacht.***

Auch mit anderen Verben oder Wendungen kann ein Geschehen passivisch ausgedrückt werden. Es gibt die folgenden **Passivvarianten:**

- *bekommen/erhalten* + Partizip II (Art des Vorgangspassivs, vor allem im mündlichen Sprachgebrauch)
  Das Dativobjekt des Aktivsatzes wird zum Subjekt des Passivsatzes:

  Sie ***bekam*** *einen Blumenstrauß* ***überreicht.***
  Er ***erhielt*** *ein winziges Zimmer* ***zugeteilt.***

- *sein* + Infinitiv mit *zu* (Notwendigkeit, Verbot oder Möglichkeit):

  Der Motor ***war*** *nicht mehr* ***zu reparieren.***
  Das Formular ***ist*** *mit Bleistift* ***auszufüllen.***

- *sich lassen* + Infinitiv (Möglichkeit):

  Die Uhr ***ließ sich*** *nicht mehr* ***aufziehen.***
  Die Präsentation ***ließ sich*** *nicht mehr spannender* ***gestalten.***

- *gehören* + Partizip II (Notwendigkeit, umgangssprachlich):

  Der Schlüssel ***gehört zurückgebracht.***
  Dieser Verbrecher ***gehört weggesperrt.***

- Bestimmte Funktionsverbgefüge werden häufig anstelle eines Vorgangspassivs gebraucht:

  Nicht abgeholte Fundsachen ***kommen zur Versteigerung.***

Konjugationsmuster für das Aktiv

→ ***regelmäßige (schwache) Konjugation***

	Indikativ	Konjunktiv I	Konjunktiv II
Präsens	ich frag-e du frag-st er/sie/es frag-t wir frag-en ihr frag-t sie frag-en	ich frag-e du frag-est er/sie/es frag-e wir frag-en ihr frag-et sie frag-en	ich frag-t-e du frag-t-est er/sie/es frag-t-e wir frag-t-en ihr frag-t-et sie frag-t-en
Präteritum	ich frag-t-e du frag-t-est er/sie/es frag-t-e wir frag-t-en ihr frag-t-et sie frag-t-en		
Perfekt	ich habe gefragt du hast gefragt er/sie/es hat gefragt wir haben gefragt ihr habt gefragt sie haben gefragt	ich habe gefragt du habest gefragt er/sie/es habe gefragt wir haben gefragt ihr habet gefragt sie haben gefragt	ich hätte gefragt du hättest gefragt er/sie/es hätte gefragt wir hätten gefragt ihr hättet gefragt sie hätten gefragt

Infinitiv Präsens: *fragen*
Infinitiv Perfekt: *gefragt haben*
Partizip I: *fragend*
Partizip II: *gefragt*

Imperativ Singular: *frag[e]!*
Imperativ Plural: *fragt!*
Höflichkeitsform: *fragen Sie!*

Plusquamperfekt

ich hatte gefragt
du hattest gefragt
er/sie/es hatte gefragt
wir hatten gefragt
ihr hattet gefragt
sie hatten gefragt

Futur I

ich werde fragen
du wirst fragen
er/sie/es wird fragen
wir werden fragen
ihr werdet fragen
sie werden fragen

ich werde fragen
du werdest fragen
er/sie/es werde fragen
wir werden fragen
ihr werdet fragen
sie werden fragen

ich würde fragen
du würdest fragen
er/sie/es würde fragen
wir würden fragen
ihr würdet fragen
sie würden fragen

Futur II

ich werde gefragt haben
du wirst gefragt haben
er/sie/es wird gefragt haben
wir werden gefragt haben
ihr werdet gefragt haben
sie werden gefragt haben

ich werde gefragt haben
du werdest gefragt haben
er/sie/es werde gefragt haben
wir werden gefragt haben
ihr werdet gefragt haben
sie werden gefragt haben

ich würde gefragt haben
du würdest gefragt haben
er/sie/es würde gefragt haben
wir würden gefragt haben
ihr würdet gefragt haben
sie würden gefragt haben

→ *unregelmäßige (starke) Konjugation*

Indikativ	Konjunktiv I	Konjunktiv II	
ich komm-e	ich komm-e	ich käm-e	Präsens
du komm-st	du komm-est	du käm-(e)st	
er/sie/es komm-t	er/sie/es komm-e	er/sie/es käm-e	
wir komm-en	wir komm-en	wir käm-en	
ihr komm-t	ihr komm-et	ihr käm-(e)t	
sie komm-en	sie komm-en	sie käm-en	
ich kam			Präteritum
du kam-st			
er/sie/es kam			
wir kam-en			
ihr kam-t			
sie kam-en			
ich bin gekommen	ich sei gekommen	ich wäre gekommen	Perfekt
du bist gekommen	du sei(e)st gekommen	du wär(e)st gekommen	
er/sie/es ist gekommen	er/sie/es sei gekommen	er/sie/es wäre gekommen	
wir sind gekommen	wir seien gekommen	wir wären gekommen	
ihr seid gekommen	ihr seiet gekommen	ihr wär(e)t gekommen	
sie sind gekommen	sie seien gekommen	sie wären gekommen	

Infinitiv Präsens: *kommen*
Infinitiv Perfekt: *gekommen sein*
Partizip I: *kommend*
Partizip II: *gekommen*

Imperativ Singular: *komm!*
Imperativ Plural: *kommt!*
Höflichkeitsform: *kommen Sie!*

Plusquamperfekt

ich war gekommen		
du warst gekommen		
er/sie/es war gekommen		
wir waren gekommen		
ihr wart gekommen		
sie waren gekommen		

Futur I

ich werde kommen	ich werde kommen	ich würde kommen
du wirst kommen	du werdest kommen	du würdest kommen
er/sie/es wird kommen	er/sie/es werde kommen	er/sie/es würde kommen
wir werden kommen	wir werden kommen	wir würden kommen
ihr werdet kommen	ihr werdet kommen	ihr würdet kommen
sie werden kommen	sie werden kommen	sie würden kommen

Futur II

ich werde gekommen sein	ich werde gekommen sein	ich würde gekommen sein
du wirst gekommen sein	du werdest gekommen sein	du würdest gekommen sein
er/sie/es wird gekommen sein	er/sie/es werde gekommen sein	er/sie/es würde gekommen sein
wir werden gekommen sein	wir werden gekommen sein	wir würden gekommen sein
ihr werdet gekommen sein	ihr werdet gekommen sein	ihr würdet gekommen sein
sie werden gekommen sein	sie werden gekommen sein	sie würden gekommen sein

Formale Besonderheiten im Indikativ

- ***e*-Einschub vor der Endung** bei Verben, deren Stamm auf *d* oder *t* ausgeht:

  du find-e-st, ihr hielt-e-t,

  und bei Verben, deren Stamm auf Konsonant + *m* oder *n* (außer *lm, ln, rm, rn*) endet:

  du atm-e-st, sie rechn-e-t (aber: *du lern-st, du qualm-st*)

- **s-Ausfall** bei Verben, deren Stamm auf s, *ß*, ss, *x* oder *z* endet:

  reisen – du reist, mixen – du mixt, reizen – du reizt;

  das s bleibt erhalten, wenn der Verbstamm auf *sch* endet:

  du wäschst, du herrschst.

- ***e*-Ausfall** bei den Verben auf *-eln* und *-ern* in der 1. und 3. Person Plural Präsens:

  handeln – wir handeln, sie handeln, ändern – wir ändern, sie ändern;

  bei Verben auf *-eln* meist auch in der 1. Person Singular Präsens und im Imperativ Singular:

  ich handle, ich lächle; handle!, lächle!;

  bei Verben auf *-ern* bleibt das *e* gewöhnlich erhalten:

  ich ändere, ich wandere; ändere!, wandere!

- **Umlaut** bei den meisten unregelmäßigen Verben mit dem Stammvokal *a, au* oder *o* in der 2. und 3. Person Singular Präsens:

  tragen – du trägst, er trägt
  laufen – du läufst, er läuft
  stoßen – du stößt, er stößt

- **e/i-Wechsel** bei einer Reihe von unregelmäßigen Verben in der 2. und 3. Person Singular Präsens und im Imperativ Singular:

  nehmen – du nimmst, er nimmt, nimm!
  sehen – du siehst, er sieht, sieh!

Konjugationsmuster für das Passiv

	***werden*-Passiv**			***sein*-Passiv**		
	Indikativ	**Konjunktiv I**	**Konjunktiv II**	**Indikativ**	**Konjunktiv I**	**Konjunktiv II**
Präsens er/sie/es …	wird gefragt	werde gefragt	würde gefragt	ist gefragt	sei gefragt	
Präteritum er/sie/es …	wurde gefragt			war gefragt		wäre gefragt
Perfekt er/sie/es …	ist gefragt worden	sei gefragt worden	wäre gefragt worden	ist gefragt gewesen	sei gefragt gewesen	
Plusquamperfekt er/sie/es …	war gefragt worden			war gefragt gewesen		wäre gefragt gewesen
Futur I er/sie/es …	wird gefragt werden	werde gefragt werden	würde gefragt werden	wird gefragt sein	werde gefragt sein	würde gefragt sein
Futur II er/sie/es …	wird gefragt worden sein	werde gefragt worden sein	würde gefragt worden sein	wird gefragt gewesen sein	werde gefragt gewesen sein	würde gefragt gewesen sein

Die Konjugation der Verben *haben, sein* und *werden*

haben

Die mehrgliedrigen Verbformen werden nur beispielhaft gezeigt.

Indikativ	Konjunktiv I	Konjunktiv II	
ich habe du hast er/sie/es hat wir haben ihr habt sie haben	ich habe du habest er/sie/es habe wir haben ihr habet sie haben	ich hätte du hättest er/sie/es hätte wir hätten ihr hättet sie hätten	Präsens
ich hatte du hattest er/sie/es hatte wir hatten ihr hattet sie hatten			Präteritum
er/sie/es hat gehabt	er/sie/es habe gehabt	er/sie/es hätte gehabt	Perfekt
er/sie/es hatte gehabt			Plusquamperfekt
er/sie/es wird haben	er/sie/es werde haben	er/sie/es würde haben	Futur I
er/sie/es wird gehabt haben	er/sie/es werde gehabt haben	er/sie/es würde gehabt haben	Futur II

Infinitiv Präsens: *haben*

Infinitiv Perfekt: *gehabt haben*

Partizip I: *habend*

Partizip II: *gehabt*

Imperativ Singular: *hab[e]!*

Imperativ Plural: *habt!*

Höflichkeitsform: *haben Sie!*

sein

Indikativ	Konjunktiv I	Konjunktiv II	
ich bin du bist er/sie/es ist wir sind ihr seid sie sind	ich sei du sei(e)st er/sie/es sei wir seien ihr seiet sie seien	ich wäre du wär(e)st er/sie/es wäre wir wären ihr wär(e)t sie wären	Präsens
ich war du warst er/sie/es war wir waren ihr wart sie waren			Präteritum
er/sie/es ist gewesen	er/sie/es sei gewesen	er/sie/es wäre gewesen	Perfekt
er/sie/es war gewesen			Plusquam-perfekt
er/sie/es wird sein	er/sie/es werde sein	er/sie/es würde sein	Futur I
er/sie/es wird gewesen sein	er/sie/es werde gewesen sein	er/sie/es würde gewesen sein	Futur II

Die mehrgliedrigen Verbformen werden nur beispielhaft gezeigt.

Infinitiv Präsens:
sein

Infinitiv Perfekt:
gewesen sein

Partizip I:
seiend

Partizip II:
gewesen

Imperativ Singular:
sei!

Imperativ Plural:
seid!

Höflichkeitsform:
seien Sie!

werden

Indikativ	Konjunktiv I	Konjunktiv II	
ich werde du wirst er / sie / es wird wir werden ihr werdet ihr werdet	ich werde du werdest er / sie / es werde wir werden ihr werdet sie werden	ich würde du würdest er / sie / es würde wir würden ihr würdet sie würden	Präsens
ich wurde du wurdest er / sie / es wurde wir wurden ihr wurdet sie wurden			Präteritum
er / sie / es ist geworden	er / sie / es sei geworden	er / sie / es wäre geworden	Perfekt
er / sie / es war geworden			Plusquam-perfekt
er / sie / es wird werden	er / sie / es werde werden	er / sie / es würde werden	Futur I
er / sie / es wird geworden sein	er / sie / es werde geworden sein	er / sie / es würde geworden sein	Futur II

Die mehrgliedrigen Verbformen werden nur beispielhaft gezeigt.

Infinitiv Präsens:
werden

Infinitiv Perfekt:
[ge]worden sein

Partizip I:
werdend

Partizip II:
geworden

Imperativ Singular:
werd[e]!

Imperativ Plural:
werdet!

Höflichkeitsform:
werden Sie!

Die Konjugation der Modalverben und *wissen*

	dürfen	können	mögen	müssen	sollen	wollen	wissen
Indikativ Präsens							
ich	darf	kann	mag	muss	soll	will	weiß
du	darfst	kannst	magst	musst	sollst	willst	weißt
er/sie/es	darf	kann	mag	muss	soll	will	weiß
wir	dürfen	können	mögen	müssen	sollen	wollen	wissen
ihr	dürft	könnt	mögt	müsst	sollt	wollt	wisst
sie	dürfen	können	mögen	müssen	sollen	wollen	wissen
Konjunktiv I							
ich	dürfe	könne	möge	müsse	solle	wolle	wisse
du	dürfest	könnest	mögest	müssest	sollest	wollest	wissest
er/sie/es	dürfe	könne	möge	müsse	solle	wolle	wisse
wir	dürfen	können	mögen	müssen	sollen	wollen	wissen
ihr	dürfet	könnet	möget	müsset	sollet	wollet	wisset
sie	dürfen	können	mögen	müssen	sollen	wollen	wissen
Indikativ Präteritum							
ich	durfte	konnte	mochte	musste	sollte	wollte	wusste
du	durftest	konntest	mochtest	musstest	solltest	wolltest	wusstest
er/sie/es	durfte	konnte	mochte	musste	sollte	wollte	wusste
wir	durften	konnten	mochten	mussten	sollten	wollten	wussten
ihr	durftet	konntet	mochtet	musstet	solltet	wolltet	wusstet
sie	durften	konnten	mochten	mussten	sollten	wollten	wussten
Konjunktiv II							
ich	dürfte	könnte	möchte	müsste	sollte	wollte	wüsste
du	dürftest	könntest	möchtest	müsstest	solltest	wolltest	wüsstest
er/sie/es	dürfte	könnte	möchte	müsste	sollte	wollte	wüsste
wir	dürften	könnten	möchten	müssten	sollten	wollten	wüssten
ihr	dürftet	könntet	möchtet	müsstet	solltet	wolltet	wüsstet
sie	dürften	könnten	möchten	müssten	sollten	wollten	wüssten
Partizip II	gedurft	gekonnt	gemocht	gemusst	gesollt	gewollt	gewusst

Die gebräuchlichsten unregelmäßigen Verben

Verben mit Präfix werden in der folgenden Tabelle nur in Ausnahmefällen aufgeführt. In der Regel sind ihre Formen unter dem entsprechenden einfachen Verb nachzuschlagen. Bei der 1. Stammform wird die 2. Person Singular Präsens hinzugesetzt, wenn Umlaut oder e/i-Wechsel auftritt. Bei der 2. Stammform wird der Konjunktiv II angegeben, wenn er einen Umlaut aufweist.

1. Stammform (Infinitiv)		**2. Stammform (Präteritum)**		**3. Stammform (Partizip II)**
backen	*du backst/bäckst*	backte/buk	*büke*	hat gebacken
befehlen	*du befiehlst*	befahl	*beföhle/befähle*	hat befohlen
beginnen		begann	*begänne/begönne*	hat begonnen
beißen		biss		hat gebissen
bergen	*du birgst*	barg	*bärge*	hat geborgen
bersten	*du birst*	barst	*bärste*	ist geborsten
bewegen (zu etw.)		bewog	*bewöge*	hat bewogen
biegen		bog	*böge*	hat/ist gebogen
bieten		bot	*böte*	hat geboten
binden		band	*bände*	hat gebunden
bitten		bat	*bäte*	hat gebeten
blasen	*du bläst*	blies		hat geblasen
bleiben		blieb		ist geblieben
braten	*du brätst*	briet		hat gebraten
brechen	*du brichst*	brach	*bräche*	hat/ist gebrochen
brennen		brannte	*brennte*	hat gebrannt
bringen		brachte	*brächte*	hat gebracht
denken		dachte	*dächte*	hat gedacht
dringen		drang	*dränge*	hat/ist gedrungen
dürfen		durfte	*dürfte*	hat gedurft
empfangen	*du empfängst*	empfing		hat empfangen

1. Stammform (Infinitiv)		2. Stammform (Präteritum)		3. Stammform (Partizip II)
empfehlen	*du empfiehlst*	empfahl	*empfähle/empföhle*	hat empfohlen
erlöschen	*du erlischst*	erlosch	*erlösche*	ist erloschen
erschrecken (vor etw.)	*du erschrickst*	erschrak	*erschräke*	ist erschrocken
essen	*du isst*	aß	*äße*	hat gegessen
fahren	*du fährst*	fuhr	*führe*	hat/ist gefahren
fallen	*du fällst*	fiel		ist gefallen
fangen	*du fängst*	fing		hat gefangen
fechten	*du fichtst/ fechtest*	focht/ fechtete	*föchte/ fechtete*	hat gefochten
finden		fand	*fände*	hat gefunden
flechten	*du flichtst/ flechtest*	flocht/ flechtete	*flöchte/ flechtete*	hat geflochten
fliegen		flog	*flöge*	hat/ist geflogen
fliehen		floh	*flöhe*	ist geflohen
fließen		floss	*flösse*	ist geflossen
fressen	*du frisst*	fraß	*fräße*	hat gefressen
frieren		fror	*fröre*	hat gefroren
gären		gor/gärte	*göre/gärte*	hat/ist gegoren
gebären	*du gebierst/ gebärst*	gebar/ gebärte	*gebäre*	hat geboren
geben	*du gibst*	gab	*gäbe*	hat gegeben
gedeihen		gedieh		ist gediehen
gehen		ging		ist gegangen
gelingen		gelang	*gelänge*	ist gelungen
gelten	*du giltst*	galt	*gälte/gölte*	hat gegolten
genießen		genoss	*genösse*	hat genossen
geschehen	*es geschieht*	geschah	*geschähe*	ist geschehen

1. Stammform (Infinitiv)		2. Stammform (Präteritum)		3. Stammform (Partizip II)
gewinnen		gewann	*gewänne/gewönne*	hat gewonnen
gießen		goss	*gösse*	hat gegossen
gleichen		glich		hat geglichen
gleiten		glitt		ist geglitten
glimmen		glomm/ glimmte	*glömme/ glimmte*	hat geglommen/ geglimmt
graben	*du gräbst*	grub	*grübe*	hat gegraben
greifen		griff		hat gegriffen
haben		hatte	*hätte*	hat gehabt
halten	*du hältst*	hielt		hat gehalten
hängen (irgendwo)		hing		hat gehangen
hauen		haute/hieb	*haute/hiebe*	hat gehauen
heben		hob/hub	*höbe/hübe*	hat gehoben
heißen		hieß		hat geheißen
helfen	*du hilfst*	half	*hülfe/hälfe*	hat geholfen
kennen		kannte	*kennte*	hat gekannt
klingen		klang	*klänge*	hat geklungen
kneifen		kniff		hat gekniffen
kommen		kam	*käme*	ist gekommen
können		konnte	*könnte*	hat gekonnt
kriechen		kroch	*kröche*	ist gekrochen
laden	*du lädst*	lud	*lüde*	hat geladen
lassen	*du lässt*	ließ		hat gelassen
laufen	*du läufst*	lief		ist gelaufen
leiden		litt		hat gelitten
leihen		lieh		hat geliehen
lesen	*du liest*	las	*läse*	hat gelesen

1. Stammform (Infinitiv)		2. Stammform (Präteritum)		3. Stammform (Partizip II)
liegen		lag	*läge*	hat gelegen
lügen		log	*löge*	hat gelogen
mahlen		mahlte		hat gemahlen
meiden		mied		hat gemieden
messen	*du misst*	maß	*mäße*	hat gemessen
misslingen		misslang	*misslänge*	ist misslungen
mögen		mochte	*möchte*	hat gemocht
müssen		musste	*müsste*	hat gemusst
nehmen	*du nimmst*	nahm	*nähme*	hat genommen
nennen		nannte	*nennte*	hat genannt
pfeifen		pfiff		hat gepfiffen
preisen (»loben«)		pries		hat gepriesen
quellen	*du quillst*	quoll	*quölle*	ist gequollen
raten	*du rätst*	riet		hat geraten
reiben		rieb		hat gerieben
reißen		riss		hat/ist gerissen
reiten		ritt		hat/ist geritten
rennen		rannte	*rennte*	ist gerannt
riechen		roch	*röche*	hat gerochen
ringen		rang	*ränge*	hat gerungen
rinnen		rann	*ränne/rönne*	ist geronnen
rufen		rief		hat gerufen
saufen	*du säufst*	soff	*söffe*	hat gesoffen
schaffen (»hervorbringen«)		schuf		hat geschaffen
scheiden		schied		hat/ist geschieden
scheinen		schien		hat geschienen
scheißen		schiss		hat geschissen

1. Stammform (Infinitiv)		2. Stammform (Präteritum)		3. Stammform (Partizip II)
schelten	*du schiltst*	schalt	*schölte/schälte*	hat gescholten
schieben		schob	*schöbe*	hat geschoben
schießen		schoss	*schösse*	hat/ist geschossen
schlafen	*du schläfst*	schlief		hat geschlafen
schlagen	*du schlägst*	schlug	*schlüge*	hat geschlagen
schleichen		schlich		ist geschlichen
schleifen		schliff		hat geschliffen
schließen		schloss	*schlösse*	hat geschlossen
schlingen		schlang	*schlänge*	hat geschlungen
schmeißen		schmiss		hat geschmissen
schmelzen (von selbst)	*du schmilzt*	schmolz	*schmölze*	ist geschmolzen
schneiden		schnitt		hat geschnitten
schreiben		schrieb		hat geschrieben
schreien		schrie		hat geschrien
schreiten		schritt		ist geschritten
schweigen		schwieg		hat geschwiegen
schwimmen		schwamm	*schwämme/ schwömme*	hat/ist geschwommen
schwinden		schwand	*schwände*	ist geschwunden
schwingen		schwang	*schwänge*	hat geschwungen
schwören		schwor	*schwöre/schwüre*	hat geschworen
sehen	*du siehst*	sah	*sähe*	hat gesehen
sein		war	*wäre*	ist gewesen
senden		sandte/ sendete	*sendete*	hat gesandt/ gesendet
singen		sang	*sänge*	hat gesungen

1. Stammform (Infinitiv)		**2. Stammform (Präteritum)**		**3. Stammform (Partizip II)**
sinken		sank	*sänke*	ist gesunken
sinnen		sann	*sänne/sönne*	hat gesonnen
sitzen		saß	*säße*	hat gesessen
sollen		sollte		hat gesollt
spalten		spaltete		hat gespalten
speien		spie		hat gespien
sprechen	*du sprichst*	sprach	*spräche*	hat gesprochen
sprießen		spross	*sprösse*	ist gesprossen
springen		sprang	*spränge*	ist gesprungen
stechen	*du stichst*	stach	*stäche*	hat gestochen
stecken (»sich in etwas befinden«)		steckte/ stak	*steckte/ stäke*	hat gesteckt
stehen		stand	*stünde/stände*	hat gestanden
stehlen	*du stiehlst*	stahl	*stähle*	hat gestohlen
steigen		stieg		ist gestiegen
sterben	*du stirbst*	starb	*stürbe*	ist gestorben
stinken		stank	*stänke*	hat gestunken
stoßen	*du stößt*	stieß		hat/ist gestoßen
streichen		strich		hat gestrichen
streiten		stritt		hat gestritten
tragen	*du trägst*	trug	*trüge*	hat getragen
treffen	*du triffst*	traf	*träfe*	hat getroffen
treiben		trieb		hat getrieben
treten	*du trittst*	trat	*träte*	hat/ist getreten
trinken		trank	*tränke*	hat getrunken
trügen		trog	*tröge*	hat getrogen
tun		tat	*täte*	hat getan

1. Stammform (Infinitiv)		2. Stammform (Präteritum)		3. Stammform (Partizip II)
verderben	*du verdirbst*	verdarb	*verdürbe*	hat/ist verdorben
vergessen	*du vergisst*	vergaß	*vergäße*	hat vergessen
verlieren		verlor	*verlöre*	hat verloren
verlöschen	*du verlischst*	verlosch	*verlösche*	ist verloschen
wachsen	*du wächst*	wuchs	*wüchse*	ist gewachsen
waschen	*du wäschst*	wusch	*wüsche*	hat gewaschen
weben		wob/webte	*wöbe/webte*	hat gewoben
weichen		wich		ist gewichen
weisen		wies		hat gewiesen
wenden		wandte/ wendete	*wendete*	hat gewandt/ gewendet
werben	*du wirbst*	warb	*würbe*	hat geworben
werden	*du wirst*	wurde	*würde*	ist geworden
werfen	*du wirfst*	warf	*würfe*	hat geworfen
wiegen (»Gewicht bestimmen«)		wog	*wöge*	hat gewogen
winden		wand	*wände*	hat gewunden
wissen		wusste	*wüsste*	hat gewusst
wollen		wollte		hat gewollt
ziehen		zog	*zöge*	hat/ist gezogen
zwingen		zwang	*zwänge*	hat gezwungen

→ Nomen

Was sind Kasus, Numerus und Genus?

Nomen (Substantive) machen den bei Weitem größten Teil des Wortschatzes aus. Sie können dekliniert werden, das heißt, sie können im Kasus (Fall) verändert werden. Auch der Numerus (Anzahl) ist in den meisten Fällen veränderbar. Das Genus (grammatisches Geschlecht) ist hingegen meist unveränderlich. Man unterscheidet die folgenden Merkmale:

Kasus (Fall)	**Nominativ**	*der Mann*
	Genitiv	*des Mannes*
	Akkusativ	*den Mann*
	Dativ	*dem Mann*
Numerus (Anzahl)	**Singular**	*ein Mann*
	Plural	*die Männer*
Genus (grammatisches Geschlecht)	**Neutrum**	*das Kind*
	Femininum	*die Frau*
	Maskulinum	*der Mann*

Nahezu alle Wörter anderer Wortarten können in ein Nomen verwandelt werden. Dieser Prozess wird als **Nominalisierung** (Substantivierung) bezeichnet. Nominalisierungen werden immer großgeschrieben.

Adjektiv	→ **Nomen**	*schön*	*der Schöne*
		neu	*die Neuen*
Verb	→ **Nomen**	*tanzen*	*das Tanzen*
		lachen	*das Lachen*
Pronomen	→ **Nomen**	*ich*	*das Ich*

→ ***Der Kasus*** (Fall)

Nomen (und andere deklinierbare Wörter) treten im Satz in einer bestimmten Kasusform auf. Mit dem Kasus wird die syntaktische Funktion des Nomens gekennzeichnet, ob es also z. B. als ein Subjekt oder ein Objekt steht.

Um den Kasus zu bestimmen, kann zum Beispiel die **Frageprobe** angewendet werden. Wichtig: In der Frage müssen alle anderen Elemente des Satzes enthalten sein; es darf nichts weggelassen oder hinzugefügt werden.

Paula gibt ihrer Freundin die Nummer ihres Bruders.

Wer *gibt ihrer Freundin die Nummer ihres Bruders?*	Paula = Nominativ
Wem *gibt Paula die Nummer ihres Bruders?*	ihrer Freundin = Dativ
Wen/was *gibt Paula ihrer Freundin?*	die Nummer ihres Bruders = Akkusativ
Wessen *Nummer gibt Paula ihrer Freundin?*	ihres Bruders = Genitiv

→ ***Numerus: Singular und Plural*** (Einzahl und Mehrzahl)

Der **Singular** wird nicht durch besondere Endungen angezeigt.

Für die **Pluralbildung** stehen hingegen verschiedene Mittel (Endungen, Umlaute) zur Verfügung. Welche Endungen und ggf. Umlaute gewählt werden, hängt von dem jeweiligen Wort und seiner Deklinationsart ab (→ S. 59–63).

■ **Endung**	**-e**	*der Tag – die Tag-**e***
	-en	*die Flut – die Flut-**en***
	-n	*die Halle – die Halle-**n***
	-er	*das Geld – die Geld-**er***
	-s	*das Auto – die Auto-**s***
■ **Umlaut**	**ä**	*der Garten – die G**ä**rten*
	ö	*die Tochter – die T**ö**chter*
	ü	*der Bruder – die Br**ü**der*

- **mit Endung + Umlaut** (Kombination der Mittel) — *der Kran – die Kräne*, *die Maus – die Mäuse*, *das Haus – die Häuser*
- **ohne Endung und Umlaut** (kein besonderes Mittel) — *das Fenster – die Fenster*, *der Fahrer – die Fahrer*, *das Gebäude – die Gebäude*

Fremdwörter folgen meist nicht den deutschen Regeln der Pluralbildung. Bei Unsicherheiten kann im Wörterbuch nachgeschlagen werden:

das Stadion – die Stadien
das Praktikum – die Praktika
das Cello – die Celli

Manche Nomen zeigen nicht nur eine Pluralform, sondern weisen eine **schwankende Pluralbildung** auf.

- **ohne Bedeutungsänderung**

der Balkon – die Balkons / die Balkone
die Pizza – die Pizzen / die Pizzas
der Atlas – die Atlanten / die Atlasse
das Konto – die Konten / die Kontos

- **mit Bedeutungsänderung**

die Bank – die Bänke (Sitzgelegenheit) / *die Banken* (Geldinstitut)
die Mutter – die Mütter (Elternteil) / *die Muttern* (Teil einer Schraube)

Manche Wörter können aufgrund ihrer Bedeutung nur im Singular (Singularwort) oder nur im Plural (Pluralwort) stehen.

Singularwort

viele Abstrakta	*Adel, Epik, Hitze, Kälte, Mannschaftsgeist*
Stoffbezeichnungen	*Gold, Stahl, Blei*
(außer in Fachsprachen)	(technisch auch: *Stähle, Bleie)*
Eigennamen	*Anna, Ostsee, Frankreich, Amazon*

Pluralwort

Abstrakta	*Ferien, Masern*
Konkreta	*Leute, Gliedmaßen, Spaghetti*
manche geografische Namen	*Alpen, Kanaren*

→ ***Das Genus*** (das grammatische Geschlecht)

Jedes Nomen hat ein bestimmtes Genus. Es ist entweder maskulin (männlich), feminin (weiblich) oder neutral (sächlich). Das Genus ist an dem Artikel der Nennform (Nominativ, Singular) erkennbar.

Maskulinum	*der Baum, der Apfel, der Ball*
Femininum	*die Tanne, die Birne, die Uhr*
Neutrum	*das Holz, das Obst, das Blei*

Das grammatische Geschlecht stimmt nicht immer mit dem natürlichem Geschlecht überein:

das Mädchen – Neutrum (nicht Femininum)

Es gibt jedoch einige Endungen, die Hinweise auf das Genus geben können:

meist Maskulinum	*-ich*	*der Teppich*
	-ig	*der König*
	-ling	*der Schönling*

meist Femininum	*-ei*	*die Prügelei*
	-in	*die Lehrerin*
	-heit	*die Weisheit*
	-keit	*die Sichtbarkeit*
	-schaft	*die Mannschaft*
	-ung	*die Wanderung*
meist Neutrum	*-chen*	*das Mädchen*
	-lein	*das Kindlein*
	-icht	*das Licht*
	-o	*das Motto*
	-tum	*das Heldentum*

→ *Schwankendes Genus*

Einige Nomen sind in ihrem Genus nicht festgelegt.

ohne Bedeutungsänderung

das/der *Bonbon*
der/das *Gelee*
der/das *Ketchup*
der/das *Radar*

mit Bedeutungsänderung

der *Band* (Buch) – ***das*** *Band* (z. B. im Haar)
der *Kiefer* (Knochen) – ***die*** *Kiefer* (Nadelbaum)
der *Tau* (witterungsbedingt) – *das Tau* (Seil)

!

Manche Wörter ändern je nach Genus auch ihren Wortausgang:

der *Zeh* – ***die*** *Zehe*
die *Socke* – ***der*** *Socken*

Welche Bedeutungsgruppen der Nomen gibt es?

1. **Konkreta** (Singular: Konkretum)

   etwas, das man sinnlich wahrnehmen (sehen, anfassen) kann
   Mensch, Frau, Freund, Katze, Rose, Stern, Haus, Tisch, Lampe, Tulpe, Rose, Auto, Hammer, Werkstatt, Schiedsrichter

2. **Abstrakta** (Singular: Abstraktum)

   nicht wahrnehmbare, nicht dingliche Zustände, Empfindungen, Konzepte
   Angst, Erinnerung, Krankheit, Länge, Unterschied, Zeit

Es kann außerdem zwischen Gattungsbezeichnungen und Eigennamen unterschieden werden.

- **Eigennamen** bezeichnen ein bestimmtes Lebewesen/Individuum, einen bestimmten geografischen Ort oder auch Institutionen und bestimmte Ereignisse. Sie treten häufig nur im Singular auf:

  Anna, Japan, Feldberg.

- **Gattungsbezeichnungen** meinen eine Gruppe/Klasse von Dingen oder Lebewesen, die gleiche oder ähnliche Merkmale besitzen:

  Arzt, Tisch, Rose, Mensch.

Aufgrund ihrer zentralen Bedeutung werden Nomen oft auch als **Dingwörter** oder **Namenwörter** bezeichnet. Darunter lassen sich **Abstrakta** jedoch nur schwer fassen.

Wie werden Nomen dekliniert?

Nomen werden nach Kasus (Fall) und Numerus (Zahl) dekliniert. Nach den Formen des Genitivs Singular und der Bildung des Plurals unterscheidet man zwischen starker, schwacher und gemischter Deklination:

→ *Starke Deklination*

Der **Genitiv Singular** der maskulinen und neutralen Nomen endet auf -es/-s. Umlautfähige Vokale werden **im Plural** meist umgelautet. Außerdem treten bei manchen Formen Endungen hinzu (→ S. 54):

Singular	Maskulinum	Femininum	Neutrum
Nominativ	*der Vogel*	*die Nacht*	*das Bild*
Genitiv	*des Vogel-**s***	*der Nacht*	*des Bild-(e)**s***
Dativ	*dem Vogel*	*der Nacht*	*dem Bild(-e)*
Akkusativ	*den Vogel*	*die Nacht*	*das Bild*
Plural			
Nominativ	*die Vögel*	*die Nächt-**e***	*die Bild-**er***
Genitiv	*der Vögel*	*der Nächt-**e***	*der Bild-**er***
Dativ	*den Vögel-**n***	*den Nächt-**en***	*den Bild-**ern***
Akkusativ	*die Vögel*	*die Nächt-**e***	*die Bild-**er***

- im Genitiv steht -es:
  - bei Nomen auf -s, -ß, -ss, -x, -z, -tz
    des Hauses, des Fußes, des Fasses, des Komplexes, des Schmerzes, des Gesetzes
  - häufig bei einsilbigen Nomen mit Konsonant am Ende
    des Bild(e)s, des Raum(e)s, des Buch(e)s, des Stuhl(e)s
- im Genitiv steht -s:
  - immer bei Nomen auf *-el, -em, -en, -er, -chen, -lein*
    des Vogels, des Atems, des Gartens, des Lehrers, des Mädchens, des Bäumleins
  - meist bei Nomen mit Vokal (+ *h*) am Ende und bei mehrsilbigen Nomen ohne Endbetonung
    des Knies, des Neubaus, des Schuhs, des Monats, des Antrags, des Urlaubs

→ *Schwache Deklination*

Singular	Maskulinum	Femininum
Nominativ	*der Mensch*	*die Frau*
Genitiv	*des Mensch-**en***	*der Frau*
Dativ	*dem Mensch-**en***	*der Frau*
Akkusativ	*den Mensch-**en***	*die Frau*
Plural		
Nominativ	*die Mensch-**en***	*die Frau-**en***
Genitiv	*die Mensch-**en***	*die Frau-**en***
Dativ	*die Mensch-**en***	*die Frau-**en***
Akkusativ	*die Mensch-**en***	*die Frau-**en***

→ *Gemischte Deklination*

Der Singular wird stark, der Plural schwach dekliniert.

Singular	Maskulinum	Neutrum
Nominativ	*der Staat*	*das Ohr*
Genitiv	*des Staat-**(e)s***	*des Ohr-**es***
Dativ	*dem Staat**(-e)***	*dem Ohr*
Akkusativ	*den Staat*	*das Ohr*
Plural		
Nominativ	*die Staat-**en***	*die Ohr-**en***
Genitiv	*der Staat-**en***	*der Ohr-**en***
Dativ	*den Staat-**en***	*den Ohr-**en***
Akkusativ	*die Staat-**en***	*die Ohr-**en***

Die weitaus größte Zahl der Maskulina und Neutra des Kernwortschatzes folgt der **starken Deklination.** Die meisten Feminina des Kernwortschatzes werden nach der **schwachen Deklination** gebildet.

→ *Deklinationsmuster: Maskulina*

	Kasus	stark	schwach	gemischt
Singular	**Nominativ**	*der Tag*	*der Fürst*	*der Staat*
	Genitiv	*des Tag-**(e)s***	*des Fürst-**en***	*des Staat-**(e)s***
	Dativ	*dem Tag**(e)****	*dem Fürst-**en***	*dem Staat**(e)****
	Akkusativ	*den Tag*	*den Fürst-**en***	*den Staat*
Plural	**Nominativ**	*die Tag-**e***	*die Fürst-**en***	*die Staat-**en***
	Genitiv	*der Tag-**e***	*der Fürst-**en***	*der Staat-**en***
	Dativ	*den Tag-**en***	*den Fürst-**en***	*den Staat-**en***
	Akkusativ	*die Tag-**e***	*die Fürst-**en***	*die Staat-**en***

* Die Endung -e im Dativ Singular kommt heute nur noch selten vor.

Merkmale

stark

im Genitiv Singular: ***-(e)s***
im Dativ Plural: ***-(e)n***

Pluralklassen

***-e*:** *der Tisch, die Tische*
***-e* + umgelautet:** *der Bart, die Bärte*
***-er*:** *der Geist, die Geister*
***-er* + umgelautet:** *der Wald, die Wälder*
endungslos: *der Balken, die Balken*
endungslos + umgelautet: *der Faden, die Fäden*
***-s*:** *der Uhu, die Uhus*

schwach

im Singular: in allen Fällen außer dem Nominativ ***-en***
im Plural: in allen Fällen ***-(e)n***

gemischt

im Genitiv Singular: ***-(e)s***
im Plural: ***-(e)n***

→ ***Deklinationsmuster: Feminina***

	Kasus	stark	schwach	gemischt
Singular	**Nominativ**	*die Mutter*	*die Rose*	–
	Genitiv	*der Mutter*	*der Rose*	–
	Dativ	*der Mutter*	*der Rose*	–
	Akkusativ	*die Mutter*	*die Rose*	–
Plural	**Nominativ**	*die Mütter*	*die Rose-**n***	–
	Genitiv	*der Mütter*	*der Rose-**n***	–
	Dativ	*den Mütter-**n***	*den Rose-**n***	–
	Akkusativ	*die Mütter*	*die Rose-**n***	–

Merkmale

stark

im Singular: **endungslos**

im Dativ Plural: ***-n***

Pluralklassen

-e: *die Drangsal, die Drangsale*

***-e* + umgelautet:** *die Kraft, die Kräfte*

endungslos + umgelautet: *die Tochter, die Töchter*

-s: *die Kamera, die Kameras*

schwach

im Singular: **endungslos**

im Plural: ***-(e)n***

→ *Deklinationsmuster: Neutra*

	Kasus	stark	schwach	gemischt
Singular	Nominativ	*das Jahr*	–	*das Ohr*
	Genitiv	*des Jahr-**(e)s***	–	*des Ohr-**(e)s***
	Dativ	*dem Jahr**(e)****	–	*dem Ohr**(e)****
	Akkusativ	*das Jahr*	–	*das Ohr*
Plural	Nominativ	*die Jahr-**e***	–	*die Ohr-**en***
	Genitiv	*der Jahr-**e***	–	*der Ohr-**en***
	Dativ	*den Jahr-**en***	–	*den Ohr-**en***
	Akkusativ	*die Jahr-**e***	–	*die Ohr-**en***

* Die Endung -e im Dativ Singular kommt heute nur noch selten vor.

Merkmale

stark

im Genitiv Singular: ***-(e)s***
im Dativ Plural: ***-(e)n***

Pluralklassen

-e: *das Pferd, die Pferde*
***-e* + umgelautet:** *das Floß, die Flöße*
-er: *das Kind, die Kinder*
***-er* + umgelautet:** *das Dach, die Dächer*
endungslos: *das Messer, die Messer*
endungslos + umgelautet: *das Kloster, die Klöster*
-s: *das Echo, die Echos*

gemischt

im Genitibv Singular: ***-(e)s***
im Plural: ***-(e)n***

Wie werden Personennamen und geografische Namen dekliniert?

	ohne Artikel	mit Artikel
ein Name	**mit -s** im Genitiv *die Rede Meiers*	**ohne -s** im Genitiv *die Rede des Meier*
mehrere Namen	nur der letzte **mit -s** im Genitiv *die Rede Horst Meiers*	**ohne -s** im Genitiv *die Rede des Horst Meier*
ein Titel o. Ä. + Name	der Name wird dekliniert *die Rede Direktor Meiers*	der Titel wird dekliniert *die Rede des Direktors Meier*
mehrere Titel o. Ä. + Name	der Name wird dekliniert *die Rede Direktor Professor Meiers*	nur der 1. Titel wird dekliniert *die Rede des Direktors Professor Meier*
Herr (+ Titel) + Name	Herr und der Name werden dekliniert *die Rede Herrn Direktor Meiers*	Herr wird dekliniert *die Rede des Herrn Direktor Meier*
Doktor (Dr.) + Name	Dr. wird nicht dekliniert, aber der Name *die Rede Doktor Meiers*	Dr. und der Name werden nicht dekliniert *die Rede des Doktor Meier*

Geografische Namen erhalten, soweit sie maskulin oder neutral sind, im Genitiv die Endung -s, wenn sie ohne Artikel gebraucht werden:

die Einheit Deutschlands, Schwedens Königin,
die Nationalmannschaft Uruguays, die Geschichte Roms

Wie werden neue Nomen gebildet?

→ *Zusammensetzungen*

- Das Bestimmungswort (1. Teil) beschreibt das Grundwort (2. Teil) näher.

Nomen + Nomen	*das Holz-fenster*	= das Fenster, das aus Holz gemacht ist
	die Blatt-laus	= die Laus, die auf Blättern lebt
Verb + Nomen	*die Trage-tasche*	= eine Tasche, um etwas zu tragen
	der Mal-kasten	= ein Kasten zum Malen

Bei den Verben fällt die Infinitivendung *-en* oder *-n* weg.

Adjektiv + Nomen	*das Hoch-haus*	= das Haus, das hoch ist
	der Neu-bau	= der Bau, der neu ist

- Das Grundwort legt alle grammatischen Eigenschaften fest.

Genus	***die*** *Zimmer-pflanze* (Femininum)
Numerus	*die Laub-**blätter*** (Plural)
Kasus	*die Farbe des Laub-blatt**es*** (Genitiv)

- Wenn das erste Wort einer Zusammensetzung ein Nomen ist, dann wird ihm meist eine Endung angehängt (Fugenzeichen).

-(e)s	*Geburt-**s**+tag, Liebe-**s**+dienst, Freund-**es**+kreis*
-e	*Hund-**e**+hütte, Maus-**e**+loch,*
-(e)n	*Nummer-**n**+schild, Tasche-**n**+tuch,*
-er	*Rind-**er**+braten, Bild-**er**+wand*

- Die einzelnen Bestandteile einer Zusammensetzung können wiederum Zusammensetzungen sein.

Hals – band – farbe

→ *Ableitungen*

Ein bestehendes Wort wird verändert, ohne dass ein anderes eigenständiges Wort hinzukommt.

- mithilfe von **Präfixen** (Vorsilben) aus Nomen
  - *Un-, Ur-, Miss-, Anti-, ...*
    ***Un**-sinn, **Ur**-oma, **Miss**-erfolg, **Anti**-teilchen, **Ex**-freund, **Pseudo**-krupp*
- mithilfe von **Suffixen** (Nachsilben) aus Wörtern anderer Wortarten
  - von Verben abgeleitete Nomen mit *-ung, -er*
    *Land-**ung,** Rett-**ung,** Rett-**er,** Lehr-**er***
  - von Adjektiven abgeleitete Nomen mit *-heit, -keit, -igkeit, -e*
    *Schön-**heit,** Höflich-**keit,** Genau-**igkeit,** Tief-**e***
  - von Nomen abgeleitete Nomen mit *-chen* (teilweise mit Umlaut), *-lein, -in, -er*
    *Frau-**chen,** Häs-**chen,** Kind-**lein,** Student-**in,** Berlin-**er***

Dabei kann auch der **Wortstamm verändert** werden.

- Vokalwechsel (Ablaut)
  *zwingen – Zw**a**ng*
- Umlaut, oft kombiniert mit einem Präfix
  *wachsen – Ge-w**ä**chs*

Durch die Voranstellung eines Artikels können Wörter auch ohne Vor- und Nachsilbe und Veränderung des Wortstamms **nominalisiert** werden.

- vom Verb zum Nomen
  lauf(en) – der Lauf, kauf(en) – der Kauf
- vom Adjektiv zum Nomen
  blau – das Blau (des Himmels), deutsch – das Deutsche, schön – das Schöne
- von unveränderbaren Wörtern zum Nomen
  gestern – das Gestern, gegenüber – das Gegenüber
- vom Pronomen zum Nomen
  wir – das Wir

→ *Kurzformen: Wörter werden verkürzt*

Abkürzungswörter (Kürzel)
Einzelne Teile des Wortes werden weggelassen:

> ***Akku*** *(Akkumulator),* ***Deko*** *(Dekoration),* ***Kripo*** *(Kriminalpolizei),*
> ***Kita*** *(Kindertagesstätte).*

Buchstabenwörter (Initialwörter; das Initial = Anfangsbuchstabe)
Von den Wortteilen wird jeweils der Anfangsbuchstabe herausgelöst. Die Buchstaben werden dann (wie beim Aufsagen des Alphabets) einzeln gelesen:

> **SMS** *(Short-Message-Service),* **IQ** *(Intelligenzquotient),* ***Kfz*** *(Kraftfahrzeug)*

Bei echten Abkürzungen, die ein schnelleres Schreiben ermöglichen, handelt es sich nicht um Wortbildungen:

> ***z. B.*** *(zum Beispiel)*
> ***m*** *(Meter)*

Artikel und Pronomen (Begleiter und Stellvertreter des Nomens)

Artikel begleiten ein Nomen und übernehmen seine grammatischen Eigenschaften (Kasus, Numerus, Genus):

> *Sandra kocht* ***eine*** *Suppe.* (Singular, Femininum, Akkusativ)

Pronomen ersetzen ein Nomen. Sie stimmen mit den grammatischen Eigenschaften des Nomens, das sie vertreten, überein:

> *Fabian wünscht sich ein neues Sofa.* ***Dieses*** (das Sofa: Singular, Neutrum, Nominativ) *gefällt ihm besonders gut.*

Bestimmter und unbestimmter Artikel

Der bestimmte (definite) Artikel *(der, die, das)* steht vor Nomen im Singular und im Plural. Er stimmt in seiner deklinierten Form mit dem Nomen in Genus, Numerus und Kasus überein.

	Singular			Plural
	Maskulinum	**Femininum**	**Neutrum**	
Nominativ	***der*** *Stuhl*	***die*** *Lampe*	***das*** *Bild*	***die*** *Stühle/Lampen/Bilder*
Genitiv	***des*** *Stuhl(e)s*	***der*** *Lampe*	***des*** *Bildes*	***der*** *Stühle/Lampen/Bilder*
Dativ	***dem*** *Stuhl*	***der*** *Lampe*	***dem*** *Bild*	***den*** *Stühlen/Lampen/Bildern*
Akkusativ	***den*** *Stuhl*	***die*** *Lampe*	***das*** *Bild*	***die*** *Stühle/Lampen/Bilder*

Manche Präpositionen können sich mit dem bestimmten Artikel verbinden:

ans (an + das) *Meer fahren*
am (an + dem) *Meer sitzen*
ins (in + das) *Meer springen*

Der unbestimmte (indefinite) Artikel *(ein, eine, ein)* steht vor Nomen im Singular.

	Maskulinum	Femininum	Neutrum
Nominativ	***ein*** *Stuhl*	***eine*** *Lampe*	***ein*** *Bild*
Genitiv	***eines*** *Stuhl(e)s*	***einer*** *Lampe*	***eines*** *Bildes*
Dativ	***einem*** *Stuhl*	***einer*** *Lampe*	***einem*** *Bild*
Akkusativ	***einen*** *Stuhl*	***eine*** *Lampe*	***ein*** *Bild*

→ *Der Gebrauch der unbestimmten und bestimmten Artikel*

- **Bestimmter Artikel:** Etwas ist bestimmt, weil es z. B. schon vorher erwähnt wurde, ausreichend bekannt ist oder weil ein eindeutiger Kontext gegeben ist:

  Ich besuche gern meine Großeltern. ***Das*** *Haus von ihnen ist wunderschön.*
  Nachts höre ich oft eine Katze miauen. Ich glaube, ***die*** *Katze gehört Familie Meier.*

- **Unbestimmter Artikel:** Etwas ist unbestimmt. Etwas bisher noch nicht Genanntes wird eingeführt.

  *Später möchte ich in **einem** Haus am Meer wohnen.*
  *Auf dem Baum sitzt **eine** Katze.*

- **Kein Artikel**
  - bei unbestimmten Nomen im Plural: *Mara spielt am liebsten mit Autos.*
  - bei Abstrakta: *Humor und Geduld sind wichtige Eigenschaften.*
  - bei unzählbaren Stoffbezeichnungen: *Eisen ist ein Metall. Glas ist zerbrechlich.*
  - in festen Wendungen: *Fuß fassen, Zeit ist Geld*
  - bei manchen Eigennamen (Personennamen, geografischer Namen): *Johann Wolfang von Goethe, Deutschland* (aber: *die Elbe*)
  - in Titeln, Schlagzeilen, Kurznachrichten (verkürzte Äußerungen, um Platz zu sparen): *Sprinter gewinnt Medaille, Dieb gefasst*

Personalpronomen

Das Personalpronomen bezeichnet den Sprecher (1. Person), den Angesprochenen (2. Person), die Person oder Sache, über die man spricht (3. Person).

	Singular					Plural		
	1. Pers.	**2. Pers.**	**3. Pers.**			**1. Pers.**	**2. Pers.**	**3. Pers.**
Nominativ	*ich*	*du*	*er*	*sie*	*es*	*wir*	*ihr*	*sie*
Genitiv	*meiner*	*deiner*	*seiner*	*ihrer*	*seiner*	*unser*	*euer*	*ihrer*
Dativ	*mir*	*dir*	*ihm*	*ihr*	*ihm*	*uns*	*euch*	*ihnen*
Akkusativ	*mich*	*dich*	*ihn*	*sie*	*es*	*uns*	*euch*	*sie*

Die förmliche Anrede wird großgeschrieben:

*Ich hoffe, **Ihnen** hat der Ausflug gefallen.*

Die informelle Anrede kann klein- oder großgeschrieben werden:

*Ich hoffe, **dir/Dir** hat der Ausflug gefallen.*

Reflexivpronomen

Das Reflexivpronomen bezieht sich gewöhnlich auf das Subjekt des Satzes und stimmt in Person und Numerus mit ihm überein. Der Kasus hängt vom Verb ab.

Für die 3. Person hat es die Form *sich*.

(Dativ Singular)	*Damit schadet er* ***sich*** *nur.*
(Akkusativ Singular)	*Sie schminkt* ***sich.***
(Dativ Plural)	*Sie haben* ***sich*** *viel erzählt.*
(Akkusativ Plural)	*Die Gäste begrüßten* ***sich.***

Für die 1. und 2. Person werden die entsprechenden Formen des Personalpronomens verwendet.

Ich langweile ***mich.***
Damit schadest du ***dir*** *nur.*
Wir haben ***uns*** *sehr über die Geschenke gefreut.*
Ihr werdet ***euch*** *wundern!*

!

Das Reflexivpronomen kann aufgrund seiner Form leicht mit dem Personalpronomen verwechselt werden:

Die Katze hat ***mich*** *gekratzt.*
(*mich* = Personalpronomen, kein Rückbezug auf das Subjekt)

Ich kratze ***mich.***
(*mich* [selbst] = Reflexivpronomen, Rückbezug auf das Subjekt)

Possessivpronomen

Das Possessivpronomen gibt ein Besitzverhältnis an, drückt aber auch eine Zugehörigkeit, Zuordnung oder Verbundenheit aus. Der Wortstamm richtet sich nach der Person, auf die sich der Begleiter oder der Stellvertreter bezieht. Wenn es ein Begleiter ist, passt es sich in Kasus, Numerus und Genus an das Nomen an, vor dem es steht:

*Da steht Paul, daneben steht **sein-e** Freundin.*

Deklinationsformen für »*mein*« als Begleiter

	Singular					
	Maskulinum		**Femininum**		**Neutrum**	
Nominativ	*mein*	*Sohn*	*mein-**e***	*Tochter*	*mein*	*Kind*
Genitiv	*mein-**es***	*Sohnes*	*mein-**er***	*Tochter*	*mein-**es***	*Kindes*
Dativ	*mein-**em***	*Sohn[e]*	*mein-**er***	*Tochter*	*mein-**em***	*Kind[e]*
Akkusativ	*mein-**en***	*Sohn*	*mein-**e***	*Tochter*	*mein*	*Kind*

	Plural	
Nominativ	*mein-**e***	*Söhne / Töchter / Kinder*
Genitiv	*mein-**er***	*Söhne / Töchter / Kinder*
Dativ	*mein-**en***	*Söhnen / Töchtern / Kindern*
Akkusativ	*mein-**e***	*Söhne / Töchter / Kinder*

Steht das Possessivpronomen stellvertretend für ein Nomen, hat die maskuline Form im Nominativ Singular die Endung *-er*, die neutrale im Nominativ und Akkusativ Singular die Endung *-[e]s*.

Maskulinum: ***Mein** Mantel ist zerrissen und **deiner** auch.*
Neutrum: *Ich habe genug Geld, du kannst **dein[e]s** behalten.*

Demonstrativpronomen

Das Demonstrativpronomen weist auf etwas hin, was entweder bereits bekannt oder im Folgenden näher zu bestimmen ist. Es richtet sich in Genus, Numerus und Kasus nach dem Nomen, bei dem es steht oder das es vertritt.

- *Dieser* und *jener* kommen sowohl als Begleiter wie auch als Stellvertreter des Nomens vor. Dabei weist *dieser* auf etwas Näheres, *jener* auf etwas Entfernteres hin.

	Singular			Plural
	Maskulinum	**Femininum**	**Neutrum**	
Nominativ	*dies-**er***	*dies-**e***	*dies[-**es**]*	*dies-**e***
Genitiv	*dies-**es***	*dies-**er***	*dies-**es***	*dies-**er***
Dativ	*dies-**em***	*dies-**er***	*dies-**em***	*dies-**en***
Akkusativ	*dies-**en***	*dies-**e***	*dies[-**es**]*	*dies-**e***

- *Derjenige* kann bei einem Nomen oder an der Stelle eines Nomens stehen. *Derselbe/der gleiche* wird wie *derjenige* dekliniert.

	Singular			Plural
	Maskulinum	**Femininum**	**Neutrum**	
Nominativ	*der-**jenige***	*die-**jenige***	*das-**jenige***	*die-**jenigen***
Genitiv	*des-**jenigen***	*der-**jenigen***	*des-**jenigen***	*der-**jenigen***
Dativ	*dem-**jenigen***	*der-**jenigen***	*dem-**jenigen***	*den-**jenigen***
Akkusativ	*den-**jenigen***	*die-**jenige***	*das-**jenige***	*die-**jenigen***

- Das Demonstrativpronomen *der* als Stellvertreter des Nomens ist vom Artikel *der* (als Begleiter des Nomens) zu unterscheiden. Es ist allgemein voraus- und zurückweisend.

	Singular			Plural
	Maskulinum	**Femininum**	**Neutrum**	
Nominativ	*der*	*die*	*das*	*die*
Genitiv	*dessen*	*deren/derer*	*dessen*	*deren/derer*
Dativ	*dem*	*der*	*dem*	*denen*
Akkusativ	*den*	*die*	*das*	*die*

Indefinitpronomen

- **jemand – niemand – etwas – nichts**

  Mit *jemand* und *niemand* werden ganz allgemein und unbestimmt Lebewesen bezeichnet, mit *etwas* Dinge, Sachverhalte u. Ä.; *etwas* und *nichts* sind undeklinierbar.

  ***jemand(en)/etwas** loben, **jemandes** gedenken, **jemand(em)** etwas schenken,*
  ***jemand(en)** an **jemanden** verweisen; **niemand(en)** sehen.*
  ***Etwas** ist geschehen. Ich **weiß** davon nichts. Ich habe **etwas** darüber gehört.*
  *Sie kann sich an **nichts** Besonderes erinnern.*

- **alle – jeder – kein**

  Alle bezeichnet eine Gesamtheit; *jeder* bezieht sich auf die einzelnen Teile dieser Gesamtheit. *Kein* ist das Gegenwort zu *jeder*. Die Wörter können als Begleiter des Nomens und selbstständig, als Vertreter des Nomens, gebraucht werden.

  ***Alle** Schüler wurden gelobt. **Alles** Hoffen / **Alle** Mühe war umsonst.*
  ***Jeder** Schüler wurde aufgerufen. **Jeder** musste ein Gedicht vortragen.*
  *Ich habe **keinen** Hund besessen. Ich habe **keinen.***

- **manche – mehrere – einige**

  Manche, mehrere, einige bezeichnen eine unbestimmte Anzahl; sie kommen als Begleiter und Stellvertreter des Nomens vor.

  ***Manche** kamen nie an.*
  ***Mehreren** von ihnen dauerte es zu lang.*
  ***Einige** Gäste sind gegangen.*

- **man**

  Mit *man* wird ganz unbestimmt von einer Person gesprochen. Es hat nur diese Form für den Nominativ Singular, im Dativ und Akkusativ wird es durch *einem, einen* ersetzt.

  ***Man** sagt, er gehe oft ins Theater.*
  ***Man** hat ihn gestern im Theater gesehen.*
  *Er kann **einen** ganz schön nerven.*

Interrogativpronomen

- Das Interrogativpronomen (Fragepronomen) *wer/was* wird als **Stellvertreter des Nomens** gebraucht; es hat nur Singularformen, und man unterscheidet nur zwischen **Person** *(wer)* und **Sache bzw. Sachverhalt** *(was)*.

Nominativ	***Wer*** *kauft ein?*	***Was*** *ist das?*
Genitiv	***Wessen*** *gedenkt sie?*	***Wessen*** *wird sie angeklagt?*
Dativ	***Wem*** *gehört das Hemd?*	–
Akkusativ	***Wen*** *sehe ich da?*	***Was*** *sehe ich da?*

- Das Interrogativpronomen *welcher, welche, welches* kommt **als Begleiter und als Stellvertreter des Nomens** vor. Man fragt damit nach Personen oder Sachen, und zwar auswählend aus einer bestimmten Art oder Menge. Es wird wie *dieser* (→ S. 72) dekliniert.

  Welches *Kleid soll ich nehmen (– das blaue oder das schwarze)?*
  Welches *steht mir besser?*
  Welche *Partei wählt er eigentlich?*
  Ich hätte gern 100 g Schinken. – ***Welcher*** *darfs denn sein?*
  Mit ***welchem*** *Zug kommst du?*

- Mit *was für ein(er)* fragt man nach der Art, Beschaffenheit von Personen oder Sachen; was bleibt immer unverändert; nur *ein(er)* wird dekliniert.

  Was für ein *Mensch ist das eigentlich? –* ***Was für einer*** *ist das eigentlich?*
  Was für einen *Wein möchten Sie (– einen trockenen oder einen lieblichen)?*

Relativpronomen

- Die Relativpronomen *der, die, das* und das wenig gebräuchliche *welcher, welche, welches* leiten einen Nebensatz, einen Relativsatz, ein. In Genus und Numerus richten sie sich nach dem Bezugswort im übergeordneten Satz. Der Kasus ist dagegen abhängig vom Verb (oder einer Präposition) des Relativsatzes selbst.

  Ich sah den Mann, ***der*** *den Brief eingeworfen hatte.*
  Das ist der Brief, auf ***den*** *ich gewartet habe.*
  Wer ist der Mann, ***dem*** *ich das Paket geben soll?*

- Das Relativpronomen *wer/was* bezeichnet allgemein eine Person oder eine Sache bzw. einen Sachverhalt. Es leitet einen Nebensatz ein, der eine Ergänzung des übergeordneten Satzes vertritt.

  Wer *nicht hören will, muss fühlen.*
  Ich kann mir denken, ***wen/was*** *du meinst. Mach,* ***was*** *du willst.*

!

Was steht

- in Relativsätzen, die sich auf den gesamten übergeordneten Satz beziehen:

  Ich muss lernen, ***was*** *mir wirklich schwerfällt.*

- nach substantivierten Adjektiven im Superlativ:

  Du bist das Beste, ***was*** *mir je passiert ist.*

- nach Pronomen und Zahladjektiven im Neutrum:

  Quark ist das einzige, ***was*** *ich nicht mag.*

Bei Nomen und nominalisierten Adjektiven im Neutrum steht *das*:

Das Pferd, ***das*** *dort im Stall steht, hat schon einige Rennen gewonnen.*

Adjektive (Eigenschaftswörter)

Wie werden Adjektive dekliniert?

Fast alle Adjektive werden, wenn sie als Attribut (Beifügung) vor einem Nomen stehen, in Übereinstimmung (Kongruenz) mit dem Nomen nach Genus, Numerus und Kasus dekliniert. Nach den Wortformen, die in einer Nominalgruppe vor dem Adjektiv stehen können, unterscheidet man zwischen starker, schwacher und gemischter Deklination. Welche Endung zu wählen ist, entscheidet das Wort, das vor dem Adjektiv steht.

→ *Starke Deklination*

Die Endungen gleichen denen der Pronomen, die als Begleiter gebraucht werden (*mein, dieser*). Folgende Endungen treten auf: *-e, -en, -em, -er* und *-es.*

Singular	Maskulinum		Femininum		Neutrum	
Nominativ	*hell-**er***	*Tag*	*hell-**e***	*Nacht*	*hell-**es***	*Licht*
Genitiv	*hell-**en***	*Tages*	*hell-**er***	*Nacht*	*hell-**en***	*Lichtes*
Dativ	*hell-**em***	*Tag(e)*	*hell-**er***	*Nacht*	*hell-**em***	*Licht*
Akkusativ	*hell-**en***	*Tag*	*hell-**e***	*Nacht*	*hell-**es***	*Licht*

Plural		
Nominativ	*hell-**e***	*Tage / Nächte / Lichter*
Genitiv	*hell-**er***	*Tage / Nächte / Lichter*
Dativ	*hell-**en***	*Tagen / Nächten / Lichtern*
Akkusativ	*hell-**e***	*Tage / Nächte / Lichter*

In diesen Fällen werden Adjektive stark dekliniert:

- Ohne Artikel

  *schön**er** Tag, gut**e** Sicht, best**es** Wetter*

- Nach endungslosen Zahladjektiven

  *Er sah zwei hell**e** Lichter. Fünf klein**e** Zwerge standen vor dem Tor.*

- Nach *manch, solch, welch, viel, wenig*

  *bei solch schön**em** Wetter; welch herrlich**er** Blick*

- Nach *etwas* und *mehr*

  *mit etwas gut**em** Willen; ich brauche mehr hell**es** Licht*

- Nach *deren/dessen*

  *der Stürmer, von dessen überlegen**em** Spiel alle begeistert waren*

→ *Schwache Deklination*

Es gibt nur die Endungen *-en* und *-e*.

Singular	Maskulinum	Femininum	Neutrum
Nominativ	*der hell-**e** Tag*	*die hell-**e** Nacht*	*das hell-**e** Licht*
Genitiv	*des hell-**en** Tages*	*der hell-**en** Nacht*	*des hell-**en** Lichtes*
Dativ	*dem hell-**en** Tag(e)*	*der hell-**en** Nacht*	*dem hell-**en** Licht*
Akkusativ	*den hell-**en** Tag*	*die hell-**e** Nacht*	*das hell-**e** Licht*
Plural			
Nominativ	*die hell-**en** Tage/Nächte/Lichter*		
Genitiv	*der hell-**en** Tage/Nächte/Lichter*		
Dativ	*den hell-**en** Tagen/Nächten/Lichtern*		
Akkusativ	*die hell-**en** Tage/Nächte/Lichter*		

Schwach dekliniert wird nach dem bestimmten Artikel und nach den Begleitern *dieser, jener, derselbe, derjenige, jeder, welcher*

*die weiß**e** Taube, dieser schön**e** Rock, mit jedem schnell**en** Atemzug*

→ *Gemischte Deklination*

Singular	Maskulinum	Femininum	Neutrum
Nominativ	*ein hell-**er** Tag*	*eine hell-**e** Nacht*	*ein hell-**es** Licht*
Genitiv	*eines hell-**en** Tages*	*einer hell-**en** Nacht*	*eines hell-**en** Lichtes*
Dativ	*einem hell-**en** Tag(e)*	*einer hell-**en** Nacht*	*einem hell-**en** Licht*
Akkusativ	*einen hell-**en** Tag*	*eine hell-**e** Nacht*	*ein hell-**es** Licht*
Plural			
Nominativ	*keine hell-**en** Tage/Nächte/Lichter*		
Genitiv	*keiner hell-**en** Tage/Nächte/Lichter*		
Dativ	*keinen hell-**en** Tagen/Nächten/Lichtern*		
Akkusativ	*keine hell-**en** Tage/Nächte/Lichter*		

Gemischt dekliniert werden Adjektive nach dem unbestimmten Artikel (*ein, kein*), und nach den Begleitern *mein, dein, sein* usw.

→ *Die Deklination bei Adjektiv + Adjektiv und Pronomen + Adjektiv*

- **Mehrere Adjektive** vor einem Nomen werden **parallel,** also beide stark oder beide schwach, dekliniert.

  Es geschah an einem ***schönen, sonnigen*** *Morgen.*
  Er besitzt ein ***altes, klappriges*** *Auto.*

- Nach **Personalpronomen** wird das (nominalisierte) Adjektiv im Singular stark dekliniert und im Nominativ Plural meist schwach:

  Ich ***altes*** *Kamel; du* ***armer*** *Junge*
  du ***Guter*** (maskulin), *du* ***Gute*** (feminin)
  wir ***Deutschen/Deutsche***

  Bei *mir, dir* und *ihr* (Dativ Singular) kommen beide Formen vor:

  *mir erfahren**er**/erfahren**en** Richterin*
  *dir jung**em**/*(selten:) *jung**en** Kerl)*
  *ihr erfahren**er**/erfahren**en** Richterin*

- Bei **Indefinitpronomen** (*alle, manche* usw.) und **unbestimmten Zahladjektiven** (*viele, wenige* usw.) schwankt die Deklination des Adjektivs:

	schwach	parallel	
all-	×		*Bei* ***allem guten*** *Willen, das geht entschieden zu weit.*
	×		***Aller guten*** *Dinge sind drei.*
ander-		×	*Man hat noch* ***anderes belastendes*** *Material gefunden.*
		×	*Es gibt noch* ***andere fähige*** *Leute.*
beide	×		*Die Vorsitzenden* ***beider großen*** *Parteien sind anwesend.*
	×		***Beide kleinen*** *Mädchen weinten.*
einig-	×		teilweise im Singular: *Wir haben noch* ***einiges schweizerisches*** *Geld übrig.*
		×	im Plural: *Ich greife* ***einige wichtige*** *Punkte heraus.*

	schwach	parallel	
etlich-		×	*Im Keller stand **etliches altes** Gerümpel.*
		×	*Der Betrieb hat **etliche alte** Mitarbeiter entlassen.*
folgend-	×		im Singular: *Die Maschine arbeitet **nach folgendem einfachen** Prinzip.*
		×	im Plural: *Der Test hat **folgende neue** Erkenntnisse gebracht.*
irgend-	×	×	*Er hat **irgendwelches dumme[s]** Zeug geredet.*
welch-	×	×	*Die Meinung **irgendwelcher fremder** Leute interessiert mich nicht.*
manch-	×		*Wir haben **manches freie** Wochenende dort verbracht.*
		×	teilweise im Plural: *Sie war an der Entdeckung **mancher neuer/neuen** Arten beteiligt.*
mehrere		×	*Er hat **mehrere folgenschwere** Fehler gemacht.*
		×	*Er steht wegen **mehrerer kleiner** Vergehen vor Gericht.*
sämtlich-		×	***Sämtlicher gestohlener** Schmuck konnte sichergestellt werden.*
	×		***Sämtlicher gestohlene** Schmuck konnte sichergestellt werden.*
		×	*Sie alarmiert **sämtliche erreichbaren** Nachbarn.*
solch-	×		***Solches herrliche** Wetter hatten wir lange nicht mehr.*
	×		*Sie sagt immer **solche merkwürdigen** Sachen.*
viel-		×	*Das hat er in **vieler mühsamer** Kleinarbeit gebastelt.*
		×	*Sie haben **viele schöne** Reisen zusammen gemacht.*
wenig-		×	*Die Flüsse führen nur noch **weniges trübes** Wasser.*
		×	*Er hat nur **wenige gute** Freunde.*

Nominalisierte Adjektive werden dekliniert wie attributive (bei einem Nomen stehende) Adjektive, stark, wenn sie ohne Artikel oder nach endungslosen Wörtern stehen, und schwach, wenn sie nach Wörtern mit Endung stehen:

stark	**schwach**
*Vorsitzend**er** ist Herr Müller.*	***Der** Vorsitzend**e** heißt Müller.*
*Ich wünsche dir nur Gut**es.***	*Ich wünsche dir **alles** Gut**e.***
*Liberal**e** und Grün**e** stimmten dagegen.*	***Die** Liberal**en** und **die** Grün**en** stimmten dagegen.*
*Mein Bekannt**er** ist Angestellt**er** bei der Bank.*	***Die** Angestellt**en** der Bank sind **unsere** Bekannt**en.***
*Reisend**e** ohne Gepäck bitte zu Schalter 3.*	***Die** Reisend**en** nach Hongkong bitte zum Schalter 3.*
*Im Westen nichts Neu**es**.*	*Hast du schon **das** Neuest**e** gehört?*

→ ***Adjektive ohne Deklinationsformen***

- Grundzahlwörter ab zwei

  *die **sieben** Raben*

- Ableitungen von Orts- und Ländernamen

  *die Türme des **Ulmer** Münsters*

- Adjektive wie *egal, klasse;* nur wenige von ihnen können als Attribut stehen.

  *ein **super** Essen, ein **klasse** Auto*

- Farbadjektive wie *rosa, lila*

  *Er packt das Buch in **rosa** Geschenkpapier.*

Wie werden Adjektive kompariert (gesteigert)?

Viele Adjektive können Steigerungsformen bilden. Man unterscheidet:
Positiv (Grundstufe: *schnell*), Komparativ (Höherstufe: *schneller*) und Superlativ (Höchststufe: *schnellst-*).
An *-er* und *-st* treten die üblichen Endungen, wenn das Adjektiv attributiv bei einem Nomen steht. Bei manchen Adjektiven treten in den Steigerungsformen lautliche Veränderungen auf:

	Positiv	Komparativ	Superlativ
-*er*, -st	*tief*	*tief**er***	*tief**ste***
-*er*, -st, Umlaut	*warm*	*wärm**er***	*wärm**ste***
-*er*, -st, Umlaut und Konsonantenwechsel	*hoch*	*höh**er***	*höch**ste***
	nah	*näh**er***	*näch**ste***
-*er*, -st, *e*-Ausfall	*dunkel*	*dunkl**er***	*dunkel**ste***
-*er*, -*est*	*heiß*	*heiß**er***	*heiß**este***
-er, -est, Umlaut	*kalt*	*kält**er***	*kält**este***

→ *Der Gebrauch der Steigerungsformen*

- **Positiv:** Eine Eigenschaft ist bei den verglichenen Personen oder Gegenständen in gleichem Maße vorhanden.

  *Klaus ist **so alt wie** Peter.*

- **Komparativ:** Er drückt den ungleichen (höheren oder niedrigeren) Grad einer Eigenschaft aus.

  *Maria ist **älter** als Claudia.*

- **Superlativ:** Er drückt den höchsten Grad einer Eigenschaft aus oder, wenn kein Vergleich zugrunde liegt, ganz allgemein einen sehr hohen Grad (Elativ).

  *Er ist der **jüngste** von drei Brüdern.*
  *Das ist das **Neueste**, was es auf dem Markt gibt.*
  *Der Betrieb arbeitet mit **modernsten** Maschinen.*

→ ***Adjektive ohne Steigerungsformen***

- »Absolute« Adjektive

  tot, lebendig, stumm, blind, kinderlos

- Adjektive, die bereits einen höchsten Grad ausdrücken

  maximal, minimal, optimal, total, absolut, erstklassig

- Formadjektive

  rund, viereckig, quadratisch, kegelförmig

- Beziehungsadjektive

  karibisch, wirtschaftlich, dortig, jetzig

- Zahladjektive

  drei, halb, siebenfach, ganz, einzig

Bei vielen Adjektiven ist eine Steigerung möglich, wenn sie in übertragener Bedeutung zur Kennzeichnung einer Eigenschaft (z. B. *das* ***lebendigste*** *Kind* = das lebhafteste Kind) oder in bestimmten Kontexten umgangssprachlich gebraucht werden (z. B. *Das neue Programm ist noch* ***optimaler*** *als der Vorgänger.*).

Welche Bedeutungsgruppen der Adjektive gibt es?

- **Eigenschaftswörter im eigentlichen Sinne:** Sie beschreiben/bewerten, wie jemand oder etwas beschaffen ist (Farbe, Form, Ausdehnung, Qualität), wie etwas vor sich geht:

  Rote *Rosen sind ihre Lieblingsblumen.*
  Es war ein ***kalter*** *Winter.*
  Mit ***großer*** *Freude haben wir von seinem* ***guten*** *Examen erfahren.*
  Man einigte sich ***schnell.***

- **Beziehungsadjektive:** Sie drücken eine bestimmte Beziehung zwischen Personen oder Gegenständen aus:
  - Urheber
    __polizeiliche__ Maßnahmen, __ärztliche__ Hilfe
  - Raum/Zeit
    die __finnischen__ Seen, der __gestrige__ Tag
  - Bezugspunkt/Bereich
    __wirtschaftliche__ Zusammenarbeit, __technischer__ Fortschritt

- **Zahladjektive:** Adjektive sind alle Zahlwörter, die als Beifügung (Attribut) zu einem Nomen stehen können:

  die __erste__ Gruppe, mit __fünf__ Punkten, am __zweiten__ April

  - Grundzahlen
    ein(s), zwei, siebzehn, achtundachtzigtausend
  - Ordnungszahlen
    erst-, dritt-, siebenundzwanzigst
  - Bruchzahlen
    halb, drittel, achtel, zwanzigstel, hundertstel
  - Vervielfältigungszahlwörter
    dreifach, fünffach, tausendfach
  - unbestimmte Zahladjektive
    ganz, viel, wenig, zahllos, sonstig

Wie werden neue Adjektive gebildet?

- **Ableitungen**
  - mithilfe von **Präfixen:**
    __a__typisch, __in__tolerant, __un__zufrieden, __erz__konservativ, __ur__alt
  - mithilfe von **Suffixen:**
    dehn__bar__, hölz__ern__, seid__en__, fehler__haft__, sand__ig__, italien__isch__, gewerb__lich__, repara__bel__, katastroph__al__, form__ell__, informat__iv__

- **Zusammensetzungen:** Sie bestehen aus zwei (selten mehr) Wörtern, wovon das zweite immer ein Adjektiv (oder Partizip) ist.
  - Verb + Adjektiv
    röst-frisch, denk-faul, koch-fertig
  - Adjektiv + Adjektiv
    hell-rot, nass-kalt, taub-stumm, dumm-dreist, feucht-warm, wissenschaftlich-technisch
  - Nomen + Adjektiv
    stein-hart, wetter-fest
- Meist wird das Adjektiv durch das vorangehende näher bestimmt:
  ***koch**-fertig*
- Bei einigen Adjektiv-Adjektiv-Zusammensetzungen sind die Teile einander gleichgeordnet:
  nass-kalt, taub-stumm, dumm-dreist

Die Steigerung zusammengesetzter Adjektive

- Der erste Teil (Bestimmungswort) wird gesteigert, wenn beide Glieder noch ihre Bedeutung tragen. In diesen Fällen wird getrennt geschrieben.
  *eine **leicht verdauliche/leichtverdauliche** Speise – eine **noch leichter verdauliche** Speise – die **am leichtesten verdauliche** Speise*
- Das Grundwort wird in die Steigerungsform gesetzt, wenn die Zusammensetzung einen einheitlichen, neuen Begriff bildet.
  *in alt**modischster** Kleidung, die weit**tragendsten** Entscheidungen, die hoch**fliegendsten** Pläne, zart**fühlender** sein*

Wie wird das Adjektiv im Satz verwendet?

→ *Adjektive als Attribute*

Beim attributiven Gebrauch bezieht sich das Adjektiv auf ein Nomen.
Als **Attribut** steht das Adjektiv

- in der Regel **vor dem Nomen** und wird dekliniert,

  *ein trocken**er** Wein; die bunt**en** Bilder, blau**e** Augen*

- gelegentlich **hinter dem Nomen** und wird nicht dekliniert.

  *Whisky **pur**; Röslein **rot***

→ *Adjektive in Verbindung mit **sein, werden** und ähnlichen Verben*
(prädikatives Adjektiv)

- Das Adjektiv ist eine **Ergänzung,** die sich auf ein Nomen oder ein Pronomen bezieht (nicht auf das Verb). Es wird nicht dekliniert.

  *Sie ist **neugierig.*** (*Sie* = neugierig) *Es wird **dunkel.** Er blieb **freundlich.***

- Im **Superlativ** steht das Adjektiv mit Artikel und wird dekliniert oder es erscheint in einer Fügung mit *am.*

  *Die Westküste ist **die schönste / am schönsten.***
  *Dieses Foto ist **das neu(e)ste / am neuesten.***

→ *Adjektive mit anderen Verben*

Das Adjektiv ist **Modalangabe** und wird nicht dekliniert. Es bezieht sich nie auf ein Nomen oder Pronomen.

*Der Vater liest **laut** vor.* (Das Lesen ist laut.)
*Sie spricht **furchtbar** leise.* (*leise* wird näher charakterisiert.)
*eine **schrecklich** nette Familie* (Bezug auf *nett* und nicht auf *Familie*)

Adjektive können oder müssen in Verbindung mit bestimmten Verben eine Ergänzung zu sich nehmen. Man unterscheidet:

- Adjektive mit einem Genitivobjekt

  einer Sache *schuldig, bewusst, eingedenk, gewiss sein*

- Adjektive mit einem Dativobjekt

  jemandem *behilflich, bekannt sein*

- Adjektive mit einem Akkusativobjekt

  eine Sache *wert sein;* ***jemanden*** *leid sein*

- Adjektive mit einem Präpositionalobjekt

  auf etwas *angewiesen, gespannt sein;* ***bei jemandem*** *beliebt sein;*
  für jemanden *nachteilig sein*

→ Adverbien (Umstandswörter)

Welche Bedeutungen haben Adverbien?

Adverbien beziehen sich auf einzelne Wörter, Wortgruppen oder auf den ganzen Satz. Sie bezeichnen die näheren Umstände. Die wichtigsten Arten von Adverbien sind:

- Lokaladverbien / Umstandswörter des Ortes: *Wo? Wohin? Woher?*

  da, daher, dorthin, hierher, drinnen, innen, vorn, links, oben, unten, vorwärts, unterwegs ...

- Temporaladverbien / Umstandswörter der Zeit: *Wann? Seit wann? Bis wann? Wie lange?*

  jetzt, nie, jemals, niemals, bald, stets, immer, einst, bisher, neuerdings, allezeit, heute, morgen, winters, zeitlebens, vorher ...

- Modaladverbien / Umstandswörter der Art und Weise: *Wie? Wie sehr? Auf welche Art und Weise?*

  allein, zusammen, umsonst, beinahe, fast, sehr, so, nur, gern, durchaus, leider, möglicherweise, etwa, wohl, kopfüber …

- Kausaladverbien / Umstandswörter des Grundes: *Warum? Weshalb? Wozu? Wwodurch?*

  daher, darum, deswegen, demzufolge, folglich, dadurch, deshalb …

Die Steigerung von Adverbien

Nur einige wenige Adverbien haben Steigerungsformen. Meist werden der Komparativ und der Superlativ von einem anderen Wortstamm als dem des Positivs gebildet.

Positiv	Komparativ	Superlativ
bald	*eher*	*am ehesten*
gern	*lieber*	*am liebsten*
sehr	*mehr*	*am meisten*

Wie werden neue Adverbien gebildet?

→ *Ableitungen*

Mithilfe von **Suffixen** werden aus anderen Wortarten Adverbien gebildet.

*morgen**s**, abend**s**, anfang**s**, früh**estens**; ost**wärts**, tal**wärts**; glücklich**erweise**, seltsam**erweise**; zugegeben**ermaßen***

→ ***Präpositionaladverbien*** (Pronominaladverbien)

- Die größte Gruppe der **Zusammensetzungen** sind die Adverbien, die aus *da, hier, wo* und einer Präposition gebildet sind. Beginnt die Präposition mit einem Vokal, wird an *da* und *wo* ein *r* angefügt.

  daran, dabei, dahinter, danach, darüber, dazwischen; hierauf, hierdurch, hierfür, hiermit, hierunter, hiervor; wobei, woraus, worin, worüber, wovon, wozu

- Präpositional- bzw. Pronominaladverbien heißen so, weil sich ein Adverb mit einer Präposition verbindet und sie dieselbe Aufgabe übernehmen wie Pronomen: Sie ersetzen eine Präpositionalgruppe (Präposition + Nomen).

  *Wir diskutieren gerade über die Pausenregelung. Wissen Sie etwas Genaueres **darüber?***
  *Kann ich mich **darauf** verlassen, dass die Arbeit morgen fertig ist?*
  ***Hiermit** will ich nichts zu tun haben.*

!

Bei Bezug auf Personen wird kein Präpositionaladverb eingesetzt, sondern eine Fügung aus Präposition + Pronomen:

*Mit **ihm*** (dem Kollegen, nicht: *damit*) *habe ich immer gern gearbeitet.*

Wie werden Adverbien im Satz verwendet?

- Als selbstständiges Satzglied **(adverbiale Bestimmung),** wenn es sich auf das Verb oder den ganzen Satz bezieht.

  ***Hier** entstehen fünf Neubauten.*
  ***Gestern** hat es geregnet.*
  *Ich konnte **leider** nicht kommen.*

- Als **Attribut,** wenn es einzelnen Wörtern oder Wortgruppen zugeordnet ist.

  *Sie ist **sehr** nett.*
  ***Bald** nach dem Vorfall ist sie weggezogen.*
  *Die Läden schließen hier **schon** um 18 Uhr.*

- Als Attribute können Adverbien **vor- oder nachgestellt** werden.

  ***So** einfach ist das nicht.*
  *Die Vorstellung **gestern** war ausverkauft.*
  *Die zweite Straße **links** führt zum Bahnhof.*

- Bei Präpositionalgruppen, die eine Zahlangabe enthalten, können Gradadverbien auch innerhalb der Fügung **hinter der Präposition** stehen.

  *Ich bin **in spätestens zwei Tagen / spätestens in zwei Tagen** zurück.*
  *Sie kommt **in frühestens / frühestens in zwanzig Minuten** zurück.*

→ Präpositionen (Verhältniswörter)

Präpositionen sind ihrer Form nach unveränderlich. Sie treten immer mit einem anderen Wort, in der Regel einem Nomen oder Pronomen, auf, dessen Kasus sie bestimmen (»regieren«).

Präpositionen stehen meist vor der regierten Wortgruppe. Zusammen mit dieser bilden sie die Präpositionalgruppe.

*Wir fahren **in** den Urlaub* (*in* fordert den Akkusativ).

Welche Bedeutungen haben Präpositionen?

Man kann vier Hauptbedeutungsgruppen unterscheiden:

- **Ort** (lokal)
  ***an** (der Grenze), **auf** (dem Hof), **aus** (Frankreich), **in** (der Stadt), **neben** (dem Haus), **über** (den Wolken), **vor** (der Baustelle)*

- **Zeit** (temporal)
  ***an** (diesem Tag), **in** (der nächsten Woche), **seit** (zwei Jahren), **um** (12 Uhr), **während** (des Krieges)*

- **Grund, Folge, Zweck** u. a. (kausal)
  ***wegen** (Bauarbeiten), **dank** (seiner Hilfe), **aus** (Mitleid), **durch** (Neugierde), **zu** (Ihrer Information)*

- **Art und Weise** (modal)
  ***ohne** (mein Wissen), **mit** (ihrer Zustimmung), **gemäß** (den Vorschriften), **gegen** (seinen Rat)*

Welche Kasus verlangen die Präpositionen?

→ *Die wichtigsten Präpositionen und ihre Rektion*

ab → Dativ/Akkusativ
abseits → Genitiv
abzüglich → Genitiv
an → Dativ/Akkusativ
angesichts → Genitiv
anhand → Genitiv
anlässlich → Genitiv
(an)statt → Genitiv
anstelle → Genitiv
auf → Dativ/Akkusativ
aufgrund → Genitiv
aus → Dativ
ausschließlich → Genitiv
außer → Dativ
außerhalb → Genitiv
bei → Dativ
bezüglich → Genitiv/Dativ
binnen → Genitiv
bis → Akkusativ
dank → Genitiv/Dativ
diesseits → Genitiv
durch → Akkusativ
einschließlich → Genitiv
entgegen → Dativ

entlang → Gen./Dat./Akk.
entsprechend → Dativ
exklusive → Genitiv
für → Akkusativ
gegen → Akkusativ
gegenüber → Dativ
gemäß → Dativ
halber → Genitiv
hinsichtlich → Genitiv
hinter → Dativ/Akkusativ
in → Dativ/Akkusativ
infolge → Genitiv
inklusive → Genitiv
inmitten → Genitiv
innerhalb → Genitiv
jenseits → Genitiv
kraft → Genitiv
längs → Genitiv/Dativ
laut → Genitiv/Dativ
mangels → Genitiv
mit → Dativ
mittels → Genitiv
nach → Dativ
neben → Dativ/Akkusativ

oberhalb → Genitiv
ohne → Akkusativ
seit → Dativ
trotz → Genitiv/Dativ
über → Dativ/Akkusativ
um → Akkusativ
um – willen → Genitiv
ungeachtet → Genitiv
unter → Dativ/Akkusativ
unterhalb → Genitiv
von → Dativ
vor → Dativ/Akkusativ
während → Genitiv
wegen → Genitiv
wider → Akkusativ
zeit → Genitiv
zu → Dativ
zufolge → Genitiv/Dativ
zuliebe → Dativ
zu(un)gunsten → Genitiv
zuzüglich → Genitiv
zwischen → Dativ/Akkusativ

→ *Präpositionen mit unterschiedlicher Rektion*

- *an, auf, hinter, in, neben, über, unter, vor, zwischen*

mit Dativ (Ort: *Wo?*)	*Das Bild hängt **an der Wand.***
mit Akkusativ (Richtung: *Wohin?*)	*Sie hängt das Bild **an die Wand.***

- *ab*

mit Dativ (Ort, *wo?*)	***ab unserem Werk***
mit Dativ oder Akkusativ (temporal)	***ab erstem/ersten Juli***

- **Anstelle des Genitivs steht der Dativ,** wenn Wortformen nicht als Genitiv erkennbar sind; oft auch, wenn die Präpositionalgruppe einen weiteren Genitiv enthält, und immer in der Kombination mit *von:*

  abzüglich, zuzüglich, ausschließlich, einschließlich, außerhalb, innerhalb, mangels, mittels, trotz, während, wegen

  abzüglich der Steuerfreibeträge / abzüglich Steuerfreibeträgen
  während Herrn Meiers langem Vortrag
  aufgrund von Unwettern

- Präpositionen, die den gleichen Kasus regieren, können gereiht und auf ein Nomen oder Pronomen bezogen werden:

  *Sie suchte **in und unter dem Schrank.***
  ***Vor, hinter und neben dem Minister** drängten sich die Reporter.*
  ***Diesseits und jenseits der Grenze** herrschte reger Verkehr.*

!

Bei unterschiedlicher Rektion wählt man den Kasus der zuletzt stehenden Präposition:

*Kommt ihr **mit oder ohne*** (+ Akkusativ) ***Kinder?***
*Sie kommen **teils ohne, teils mit*** (+ Dativ) ***Kindern.***

Präpositionen können auch mit Adjektiven oder Adverbien stehen.
Dann regieren sie aber keinen Kasus:

__ab__ heute, __seit__ gestern, __durch__ dick und dünn

Wo stehen Präpositionen im Satz?

- Die allermeisten Präpositionen stehen **vor** dem regierten Wort bzw. der regierten Wortgruppe.

  __für__ mich, __nach__ Feierabend, __im__ Auto, __zu__ ihrem Geburtstag, __im__ kleinen schmalen Flur

- Wenige Präpositionen stehen **hinter** dem regierten Wort bzw. der regierten Wortgruppe.

  der Wahrheit __halber__, der Freundin __zuliebe__, dem Pressesprecher __zufolge__

- Einige Präpositionen können **vor oder hinter** dem regierten Wort bzw. der regierten Wortgruppe stehen.

  __wegen__ der Kinder / der Kinder __wegen__
  __nach__ meiner Meinung / meiner Meinung __nach__

- Wenige Präpositionen bestehen **aus zwei Wörtern**.

  __um__ des lieben Friedens __willen__, __von__ dieser Sekunde __an__

Einige Präpositionen **verschmelzen** häufig mit Formen des Artikels zu einer Wortform.

an/in + dem → __am/im,__ bei + dem → __beim,__ an/in + das → __ans/ins,__
von + dem → __vom,__ zu + dem/der → __zum/zur__

Bei diesen gebräuchlichen Verschmelzungen muss **kein Apostroph** gesetzt werden:

fürs, ans, durchs, …

Konjunktionen (Bindewörter)

Wie werden Konjunktionen im Satz verwendet?

Konjunktionen gehören zu den **unveränderlichen** Wörtern. Sie verbinden Sätze und Teile von Sätzen miteinander. Es gibt

- beiordnende Konjunktionen *(und, oder, aber, denn)*
- und unterordnende Konjunktionen *(weil, obwohl, dass, ob).*

Neben **einfachen** Konjunktionen wie *oder, aber, ob* gibt es **mehrteilige** wie z. B. *sowohl – als auch, entweder – oder.*

Konjunktionen stellen eine **bestimmte inhaltliche Beziehung** zwischen den verbundenen Sätzen bzw. Satzteilen her (z. B. kausal oder temporal).

Beiordnende Konjunktionen verbinden

■ gleichrangige Hauptsätze	*Es klingelte an der Tür, **aber** sie machte nicht auf.*
■ gleichrangige Nebensätze	*Ich mag dich, weil du ehrlich bist **und** mir immer hilfst.*
■ Wortgruppen	***sowohl** in Rom **als auch** in Paris; durch List **oder** durch Gewalt*
■ Wörter	*auf **und** ab; arm, **aber** glücklich; rechts **oder** links*
■ Wortteile	*West- **und** Osteuropa; be- **oder** entladen.*

Zu den beiordnenden Konjunktionen gehören *als* und *wie*, wenn sie bei Vergleichen stehen.

*Er ist ein besserer Schüler **als** sein Freund.*
*Heute ist das Wetter nicht so schön **wie** gestern.*

Unterordnende Konjunktionen (Subjunktionen)

- Unterordnende Konjunktionen wie *dass*, *weil*, *nachdem* leiten einen Nebensatz ein; das finite Verb (Personalform) steht am Ende des Nebensatzes.

  Er konnte nicht glauben, ***dass*** *das schon die Entscheidung* ***gewesen sein sollte.***
  Es dauerte lange, ***bis*** *das nächste Tor* ***fiel.***

- *um zu, ohne zu, (an)statt zu, als zu* leiten Nebensätze ein, in denen das Verb im Infinitiv steht.

  Die Mannschaft kämpfte, ***um*** *das Spiel* ***herumzureißen.***
  Sie kämpfte, ***ohne*** *zum Erfolg* ***zu kommen.***
  Sie kämpfte lieber, ***als zu fliehen.***

Welche Bedeutungen haben Konjunktionen?

Bei den **beiordnenden Konjunktionen** unterscheidet man vier Bedeutungsgruppen:

■ Reihung, Zusammenfassung	*und, (so)wie, sowohl – als/wie, sowohl – als auch/wie auch*
■ verschiedene Möglichkeiten	*oder, entweder – oder, beziehungsweise*
■ Gegensatz, Einschränkung	*aber, (je)doch, allein, sondern*
■ Grund (kausal)	*denn*

Die wichtigsten Bedeutungsgruppen der **unterordnenden Konjunktionen** sind:

■ Zeit (temporal)	*als, nachdem, bis, während, ehe, bevor, sobald, solange, wenn*
■ Grund (kausal)	*weil, da, zumal*
■ Zweck (final)	*damit, dass, um zu*
■ Bedingung (konditional)	*wenn, falls, sofern, soweit*

■ Gegensatz (konzessiv)	*obwohl, obgleich, obschon, wenn auch*
■ Art und Weise (modal)	*indem, wie, als ob, ohne dass, ohne zu, als zu, (an)statt zu*
■ ohne eigene Bedeutung	*dass, ob*

Interjektionen (Ausrufe-, Empfindungswörter)

Interjektionen stellen eigene, selbstständige Äußerungen dar und stehen im Satz isoliert. Sie kommen vor allem in gesprochener Sprache vor und drücken oft eine Empfindung oder eine Haltung des Sprechers aus (Überraschung, Freude, Überlegen, Zögern, Schreck). Man unterscheidet:

■ Empfindungswörter	*ach, ah, au, hurra, igitt, oh*
■ Aufforderungswörter	*hallo, he, heda, tschüs, dalli, hü, pst*
■ Lautnachahmungen	*haha, hatschi, miau, kikeriki, peng, klirr*
■ Gesprächswörter	*hm, ja, aha, genau, richtig, bitte?, was?*
■ Antwortpartikeln	*ja, nein, doch*

Im Schriftlichen werden Interjektionen durch Komma oder Ausrufezeichen abgetrennt:

> ***Huch,*** *das ist mir peinlich.*
> ***Huch!*** *Das ist mir peinlich.*

Der einfache Satz

Wörter treten nicht allein auf, sondern sie schließen sich nach bestimmten Mustern zu größeren Einheiten zusammen.

→ Wie ist ein Satz aufgebaut?

Ein einfacher Satz besteht typischerweise aus **einem Prädikat** und den dazu gehörigen Satzgliedern. Obwohl Sätze nie gleich aussehen, lässt sich ein **Grundmuster** erkennen. In Abhängigkeit von der Position des **finiten Verbs** (Personalform) unterscheidet man Verberst-, Verbzweit- und Verbletztsatz.

	Vorfeld	linke Satzklammer	Mittelfeld	rechte Satzklammer
Verberstsatz		***Hast***	*du letzte Nacht gut*	*geschlafen?*
		Geh	*bitte*	*einkaufen!*
Verbzweitsatz	*Wir*	***gehen***	*morgen in den Zoo.*	
Verbletztsatz	*(Ich bin mir sicher,)*	*dass*	*Hanno mir*	***hilft.***

Die Position des finiten Verbs an der zweiten Stelle und weiterer Prädikatsteile an der letzten Position ist für das Deutsche typisch. Man nennt dieses Phänomen auch **Satzklammer:**

Ich ***habe*** *gestern bei einem Glas Wein und allerschönster Luft* ***gesessen.***
mit meiner Freundin Brigitte bis morgens früh
auf dem Balkon

Was ist ein Prädikat?

Das Prädikat ist das Zentrum des Satzes. Es besetzt ausschließlich die Satzklammer. Jedes Prädikat besitzt ein finites Verb und gegebenenfalls weitere infinite Verbformen.

Das finite Verb stimmt in Person und Numerus mit dem Subjekt des Satzes überein (Kongruenz).

- **Einfaches** Prädikat: ein finites Verb

  Sie schläft. (3. Person Singular)
  Wir schlafen. (1. Person Plural)

- **Mehrteiliges** Prädikat: ein finites Verb + infinite Verbform(en)

  – mehrteilige Tempusformen:

  *Sie **hat** **geschlafen.***
  *Du **hast** gestern nicht **angerufen.***

  finites Verb – infinite Verbform

  – Passivformen:

  *Der Rasen **wird** jeden Sonntag **gemäht.***
  *Der neue Film **wurde** von den Kritikern **zerrissen.***

  finites Verb – infinite Verbform

  – trennbare Verben:

  *Wir **nahmen** an der Veranstaltung **teil.***
  *Den Antrag **heben** Sie bitte ein Jahr lang **auf!***

  finites Verb – Verbpartikel

  – Modalverben:

  *Wir **müssen** **schlafen.***
  *Sie **wollten** die Versicherung **betrügen.***

  finites Verb – infinite Verbform

→ Was sind Satzglieder?

Satzglieder sind eine in sich geschlossene Einheit, die aus einem Wort oder aus mehreren Wörtern besteht. Sie sind in den Feldern rund um die Satzklammer angeordnet. Welche Satzglieder mindestens vertreten sein müssen, um einen korrekten Satz zu bilden, bestimmt das Vollverb.

Wie lassen sich Satzglieder erkennen?

Was als ein Satzglied bestimmt werden kann, lässt sich mithilfe der **Vorfeldprobe** (eine Form der Verschiebeprobe) und der **Ersatzprobe** ermitteln.

Im Unterschied zu vielen anderen Sprachen hat das Deutsche eine relativ freie Wortstellung. Vor der Personalform des Verbs im Aussagesatz (Verbzweitsatz, → S. 96) kann jedoch immer nur ein Satzglied stehen.

Alles das, was als Einheit in einem Verbzweitsatz **im Vorfeld** steht oder dorthin bewegt werden kann, ist ein Satzglied. Durch das Verschieben darf sich die inhaltliche Gewichtung oder die Betonung der Satzglieder ändern, nicht aber der Inhalt selbst.

	Vorfeld		
Vorfeldprobe	***Meine besten Freunde***	*reisen*	*am Montag nach London.*
	Am Montag	*reisen*	*meine besten Freunde nach London.*
	Nach London	*reisen*	*meine besten Freunde am Montag.*

Die Ersatzprobe zeigt, dass ein Satzglied immer nur durch ein Satzglied der gleichen Funktion ersetzt werden kann. Meist lässt sich ein einziges Wort für das Satzglied finden.

Ersatzprobe	*Meine besten Freunde*	*reisen*	*am Montag*	*nach London.*
	↓		↓	↓
	Sie	*reisen*	*dann*	*dorthin.*

Die Bedeutung eines Satzes ergibt sich aus seinen einzelnen Teilen und ihrer Anordnung (**Wortstellung**). Wenn man von **Wortstellung** spricht, ist aber eigentlich nicht die Stellung einzelner Wörter, sondern die **Satzgliedstellung** und die Stellung des Prädikats gemeint.

Welche Funktionen haben Satzglieder?

→ *Ergänzungen*

Die Satzglieder, die vom Vollverb gefordert werden, nennt man **Ergänzungen.** Welche Ergänzungen notwendig sind, damit ein grammatisch vollständiger Satz entsteht, hängt vom jeweiligen Vollverb ab; fast immer ist zumindest ein Subjekt (eine Ergänzung im Nominativ) gefordert (→ S. 17 f.). Auch Nebensätze können die Funktion eines Satzgliedes übernehmen.

- **Subjekt:** mit den Fragewörtern *wer/was* erfragbar, durch ein Pronomen ersetzbar, stimmt in Person und Numerus mit dem finiten Verb überein

  Politik / Diese ganze Sache / Das *interessiert mich nicht.*
  Ob sie kommt / Wann sie kommt, *interessiert mich nicht.*
  Sie kennengelernt zu haben, *war sehr interessant.*
  Es *schneit.*

- **Akkusativobjekt (Ergänzung im Akkusativ):** mit dem Fragewörtern *wen/was* erfragbar, durch ein Pronomen ersetzbar

  Der Junge ruft ***den Hund / die Kinder / ihn.***
  Ich weiß, ***dass er teilnimmt / was los ist.*** (Ich weiß es.)
  Mich *friert.* ***Es*** *ekelt ihn.*
  Ich weiß, ***dass er teilnimmt.*** (Ich weiß das.)
  Ich rate dir, ***dich zurückzuhalten.*** (Ich rate dir den Sachverhalt.)
  Wir meinen ***es*** *nur gut mit dir.*

- **Dativobjekt (Ergänzung im Dativ):** mit dem Fragewort *wem* erfragbar, durch ein Pronomen ersetzbar

  Sie hilft ***ihrem Freund / den wilden Tieren / ihm.***

- **Genitivobjekt (Ergänzung im Genitiv):** mit Fragewort *wessen* erfragbar, durch ein Pronomen ersetzbar

  Sie vergewissert sich, ***ob alles in Ordnung ist.*** (Sie vergewissert sich des Sachverhaltes.)
  Wir gedenken ***des Verstorbenen.*** (Wir gedenken dessen.)
  Er enthielt sich ***eines Urteils.*** (Er enthielt sich dessen.)
  Er befleißigt sich ***großer Zurückhaltung.*** (Er befleißigt sich dessen.)

- **Präpositionalobjekt (Präpositionalgruppe als Ergänzung):** erfragbar mit Präposition + Fragewort, wobei die Präposition nicht weggelassen werden kann

  Die Spieler warten ***auf den Anpfiff.*** (Auf was warten die Spieler?)
  Sie kümmert sich ***um die Gäste.*** (Um wen kümmert sie sich?)

- **Adverbiale Bestimmung als Ergänzung:** erfragbar mit Interrogativadverbien

  – lokale Adverbgruppe (Fragewort: *wo?, wohin?, woher?*):
  Sein Onkel wohnt ***in Bremen*** */ fährt* ***dorthin*** */ kommt* ***aus München.***

  – temporale Adverbgruppe (Fragewort: *wann?, wie lange?*):
  Das Unglück geschah ***frühmorgens.*** *Die Sitzung dauerte* ***drei Stunden.***

- **Prädikativ als Ergänzung (Prädikatsnomen):** Es weist einer Nominalgruppe eine Eigenschaft zu.

  Inge ist/wird/bleibt ***Vorsitzende.*** (Inge → Vorsitzende)
  Sie war schon immer ***sehr tüchtig.*** (Inge → tüchtig)
  Sie ist ***intelligent.*** (sie → intelligent)
  Ich halte dich ***für intelligent.*** (du → intelligent)
  Sie ist ***barfuß.*** (sie → barfuß)
  Er arbeitet ***als Arzt.*** (er → Arzt)

→ *Angaben*

Der Sprecher kann in einen Satz, in dem alle notwendigen Ergänzungen stehen, **zusätzlich Angaben** einfügen, die das Verb oder den ganzen Satz genauer bestimmen. Im Gegensatz zu den adverbialen Ergänzungen, die vom Verb gefordert werden, handelt es sich bei den Angaben um nicht verlangte freie Satzglieder. Man unterscheidet grob vier Hauptgruppen von Angaben:

- **Raumangaben (Lokalangaben):** Ort, Erstreckung *(wo?, wie weit?)*

  *Sie traf ihn **auf dem Markt.***
  *Er ist **den ganzen Weg** zu Fuß gegangen.*

- **Zeitangaben (Temporalangaben):** Zeitpunkt, Dauer, Häufigkeit *(wann?, wie lange?, wie oft?)*

  ***Heute** regnet es.*
  ***Gestern** hat es den ganzen Tag geregnet.*
  *Du hast **zum dritten Mal** geniest.*

- **Angaben des Grundes (Kausalangaben):** Grund, Bedingung, Zweck u. Ä. *(warum?, wozu?, …)*

  *Die Straße ist **wegen Bauarbeiten** gesperrt.*
  *Wir fahren **zur Erholung** ans Meer.*
  *Er ging **trotzdem** zur Arbeit.*

- **Angaben der Art und Weise (Modalangaben):** Qualität, Grad, Mittel u. Ä. *(wie?, wie sehr?, womit?, …)*
  Bestimmte Modalangaben beziehen sich nicht auf das Geschehen, sondern geben eine Einschätzung oder Bewertung des Sprechers wieder.

  *Er singt **laut und falsch**.*
  *Das hat uns **ziemlich/sehr** geärgert.*
  *Er kommt **vielleicht** später noch.*
  *Unsere Mannschaft hat **leider** verloren.*

Die adverbiale **Ergänzung** wird vom Verb verlangt. Sie ist meist **nicht weglassbar**, ohne dass der Satz grammatisch falsch oder inhaltlich unvollständig wird:

*Sein Onkel wohnt **in Bremen.*** (lokale Bestimmung als Ergänzung)

Die adverbiale **Angabe** ist hingegen **weglassbar,** da sie nicht vom Verb verlangt wird und zusätzliche Informationen bietet:

*Ich gehe gern **in Bremen** shoppen.* (lokale Angabe)

→ *Appositionen*

Appositionen sind Gliedteile; sie sind in ein Satzglied integriert und können nicht allein stehen. Die Apposition steht in der Regel im gleichen Kasus wie das Bezugswort.

- Beinamen

  *Er spricht über Karl **den Großen.***
  *Die Redakteurin **Marina Meier** hatte Urlaub.*

- nähere Bestimmungen für Mengen- und Maßangaben

  *ein Glas **guter Wein**; mit einem Glas **gutem Wein***

- Lockere Appositionen sind im Mündlichen stimmlich und im Schriftlichen durch Kommas vom Rest getrennt.

  *Laura, **meine beste Freundin,** zieht um.*
  *Sport macht am meisten mit meinem Freund, **einem Marathonläufer,** Spaß.*

Der zusammengesetzte Satz

Ein komplexer (zusammengesetzter) Satz besteht aus zwei oder mehr Teilsätzen, die beiordnend oder unterordnend miteinander verknüpft sein können.

Beiordnung meint, dass die Teilsätze gleichranging sind; es besteht kein Hierarchie- oder Abhängigkeitsverhältnis:

Ich schlafe gern aus und dann frühstücke ich ausgiebig.

Unterordnung meint, dass zwischen den Teilsätzen ein Abhängigkeitsverhältnis besteht. Ein Teilsatz ist dem anderen untergeordnet, der untergeordnete Teilsatz kann ohne den übergeordneten Teilsatz nicht bestehen.

Emma ist müde, weil sie schlecht geschlafen hat.

Was sind Satzreihen und was sind Satzgefüge?

Satzreihe

- Eine Satzreihe besteht aus zwei oder mehreren Teilsätzen, die auch selbstständig existieren können.

  Am Sonntag fuhren wir nach Frankfurt, denn wir wollten zum Flughafen.
  Wir kamen um 15 Uhr an und gerade landete die Maschine aus München.
  Vertrauen ist gut, Kontrolle ist besser.

- Satzteile, die den aneinandergereihten Sätzen gemeinsam sind, können im angeschlossenen Satz (manchmal auch im ersten Satz) weggelassen werden.

  Er geht auf das Gymnasium und sein Bruder geht auf die Realschule. –
  Er geht auf das Gymnasium und sein Bruder auf die Realschule.

Satzgefüge

Ein Satzgefüge besteht aus einem übergeordneten Hauptsatz und mindestens einem untergeordneten Nebensatz.

Am Sonntag fuhren wir nach Frankfurt, weil wir zum Flughafen wollten.

→ Was sind Nebensätze?

Nebensätze sind Teilsätze, die von einem übergeordneten Satz abhängig sind. Sie können nur zusammen mit dem Hauptsatz, dem sie untergeordnet sind, eine Äußerung bilden.

Das Verhältnis von Haupt- und Nebensatz

Nebensätze können unterschiedlich tief in den Hauptsatz eingebettet sein. Man spricht dann von unterschiedlichen Graden.

- Direkt vom Hauptsatz abhängig: Nebensatz 1. Grades

  Der Fahrer des Unfallwagens hatte zu spät gebremst,
  weil er unaufmerksam war.

- Vom Nebensatz 1. Grades abhängig: Nebensatz 2. Grades

  Der Fahrer des Unfallwagens hatte zu spät gebremst,
  weil er nicht gesehen hat, (Nebensatz 1. Grades)
  dass dort ein Stoppschild stand. (Nebensatz 2. Grades)

- Vom Nebensatz 2. Grades abhängig: Nebensatz 3. Grades

  Der Fahrer des Unfallwagens hatte zu spät gebremst,
  weil er nicht gesehen hat, (Nebensatz 1. Grades)
  dass dort ein Stoppschild stand, (Nebensatz 2. Grades)
  das leicht schief war. (Nebensatz 3. Grades)

Dem Hauptsatz können auch zwei oder mehrere gleichrangige Nebensätze untergeordnet sein:

Er ging nach Hause,
weil es schon spät war (Nebensatz 1. Grades)
und weil er noch zu tun hatte. (weiterer Nebensatz 1. Grades)

Die Form der Nebensätze

- **Konjunktionalsätze** (Einleitungswort: unterordnende Konjunktion):

  Es ist nicht sicher, ***ob*** *er spielen* ***kann****.*
  Wenn *es* ***regnet****, fällt das Spiel aus.*

- **Relativsätze** (Einleitungswort: Relativpronomen)

  Siehst du den Mann, ***der*** *dort* ***arbeitet****?*
  Ich habe gesagt, ***was*** *ich gesehen* ***habe****.*

- **Uneingeleitete Nebensätze** (ohne Subjunktion) – mit Verbzweitstellung oder Verberststellung

  Wärst *du faul, so wärst du nicht hier.* (Wenn du faul wärst, so wärst du nicht hier.)
  Er behauptet, er ***sei*** *krank.* (Er behauptet, dass er krank ist.)

- **Infinitivgruppe** (ohne finites Verb)

  Ich freue mich, ***euch wiederzusehen.*** (Ich freue mich, dass ich euch wiedersehe)
  Ich trinke Kaffee, ***um wach zu werden.***

- **Partizipialgruppe** (ohne finites Verb)

  Vor Anstrengung keuchend *konnte er nicht mehr sprechen.*
  (Weil er vor Anstrengung keuchte, konnte er nicht mehr sprechen.)

Die syntaktischen Funktionen der Nebensätze

Nebensätze vertreten unterschiedliche Satzteile des übergeordneten Satzes; danach unterscheidet man Ergänzungssätze, Adverbialsätze und Attributsätze.

→ *Ergänzungssätze*

Ergänzungssätze **vertreten eine Ergänzung des Hauptsatzes**. Man unterscheidet Subjektsätze und Objektsätze. Am häufigsten kommen Objektsätze in der Funktion eines Akkusativobjekts (einer Akkusativergänzung) vor.

- **Subjektsätze** *(wer oder was?)*

  Dass du mich besuchen willst, *freut mich.* (Das freut mich.)
  Ob er kommt, *ist völlig ungewiss.* (Das ist völlig ungewiss.)

- **Nebensätze in der Funktion von Akkusativobjekten** *(wen oder was?)*

  Er sagt, ***dass er krank sei.*** (Er sagt das.)
  Sie beschloss, ***eine Pause zu machen.*** (Sie beschloss den Sachverhalt.)
  Ich glaube, ***sie wohnt in Berlin.*** (Ich glaube das.)

- **Nebensätze in der Funktion von Genitivobjekten** *(wessen?)*

  Peter rühmt sich, ***dass er unschlagbar sei.*** (Peter rühmt sich des Sachverhalts.)
  Peter rühmt sich, ***unschlagbar zu sein.*** (Peter rühmt sich des Sachverhalts.)

- **Nebensätze in der Funktion von Dativobjekten** *(wem?)*

  Sie hilft nur, ***wem sie helfen will.*** (Sie hilft nur ihm.)

- **Nebensätze in der Funktion von Präpositionalobjekten**

  Er kümmert sich darum, ***dass nichts verloren geht.*** (Er kümmert sich um den Sachverhalt.)

- **Nebensätze in der Funktion von Prädikativen**

  Peter ist [das], ***was er schon immer war.*** (Peter ist das / ein Arzt).

→ *Adverbialsätze*

Ein Adverbialsatz liegt vor, wenn eine adverbiale Bestimmung (Umstandsangabe) in Form eines Satzes auftritt. Man kann sie nach inhaltlichen Gesichtspunkten weiter aufgliedern:

- **Temporalsätze**
  Das Tempus des Verbs und bestimmte Konjunktionen zeigen an, ob das Geschehen des Nebensatzes
  - **vor** dem Hauptsatzgeschehen liegt (Vorzeitigkeit: *nachdem, als, seit[dem]*):
    Nachdem er die Bestellung zusammengestellt hat, *füllt er den Lieferschein aus.*
  - **parallel** zum Hauptsatzgeschehen abläuft (Gleichzeitigkeit: *als, während, wenn, wie, sobald, solange*):
    Als er das Fenster öffnete, *verursachte er einen gewaltigen Durchzug.*
  - **nach** dem Hauptsatzgeschehen abläuft (Nachzeitigkeit: *bevor, ehe, bis*):
    Bevor wir verreisen, *müssen wir noch manches erledigen.*

- **Kausalsätze** (Begründungssätze)
  Kausalsätze werden mit *weil* oder *da* eingeleitet:

  Er kann nicht kommen, ***weil er keine Zeit hat.***
  Da er verreist war, *konnte er nicht kommen.*

- **Konditionalsätze** (Bedingungssätze)
  Konditionalsätze werden vor allem mit *wenn* und *falls* eingeleitet.

  Wenn das wahr ist, *dann müssen wir uns beeilen.*
  Falls *die Tür geschlossen ist, geh durch den Hof.*

- **Konzessivsätze** (Einräumungssätze)
  Konzessivsätze werden mit *obwohl, obgleich, obschon, wenn auch* eingeleitet.

  Obwohl/Obgleich er nur wenig Zeit hatte, *kam er.*
  Sie geht ins Büro, ***obwohl/obgleich sie krank ist.***

- **Konsekutivsätze** (Folgesätze)
  Konsekutivsätze stehen immer hinter dem Hauptsatz; einleitende Konjunktion ist vor allem *(so)dass*.

  Sie sangen, ***dass sie heiser wurden.***
  Die Sonne blendete ihn, ***sodass er nichts sah.***

- **Finalsätze** (Absichtssätze)
  Finalsätze werden meist mit *damit* oder *um zu + Infinitiv* eingeleitet.

  Er beeilte sich, ***um pünktlich zu sein.***

- **Modalsätze**
  Modalsätze sind Nebensätze, die die Art und Weise, auch das **Mittel** oder die **Begleitumstände** einer Handlung erläutern; die typische Konjunktion ist *indem*. Zu den Modalsätzen zählen auch Vergleichssätze.

  Er begrüßte ihn, ***indem er sich verbeugte.***
  Er machte sich bemerkbar, ***indem (dadurch, dass) er schrie.***
  Er ist so groß, ***wie sein Vater ist.***

- **Attributsätze**
  Ein Attributsatz ist ein Nebensatz, der nicht ein ganzes Satzglied, sondern nur einen Teil, und zwar ein Attribut (eine Beifügung), vertritt.

  – **Relativsatz**
  Der Relativsatz ist die wichtigste Form des Attributsatzes. Er wird meist durch ein Relativpronomen eingeleitet, das in Genus und Numerus mit dem Bezugswort des Hauptsatzes übereinstimmt und sich im Kasus nach dem Verb des Relativsatzes richtet. Auch Präpositionalgruppen können einen Relativsatz einleiten. Der Relativsatz steht meist unmittelbar hinter dem Bezugswort.

  Ich kenne den Mann nicht, ...

  der (Subjekt) *dort steht.*
  dem (Dativergänzung) *Gaby gerade zulächelt.*
  den (Akkusativergänzung) *du mir gezeigt hast.*
  mit dem (Präpositionalobjekt) *Eva spricht.*

Manche Relativsätze drücken einen neuen Gedanken aus, der sich auf den gesamten im Hauptsatz genannten Sachverhalt bezieht (weiterführender Relativsatz).

*Wir besuchten unsere Lehrerin, **was sie sehr glücklich machte.***

– **Andere Formen des Attributsatzes**

Bezugswort ist oft ein Nomen, das aus einem Verb gebildet worden ist. Es kommen die gleichen Formen wie bei Ergänzungssätzen vor.

*Mein Entschluss, **das Spiel abzubrechen,** stand fest.*
*Die Vermutung lag nahe, **dass der Spion zu den engsten Mitarbeitern des Ministers gehörte.***
*Seine Behauptung, **er sei zu Hause gewesen,** trifft nicht zu.*

Register